U0455228

你想从生命中
得到什么

What Do You Want
Out of Life?

[美] 瓦莱丽·提比略 / 著

刘健辉 / 译

贵州出版集团
贵州人民出版社

著作权合同登记号 图字：22-2024-056 号

图书在版编目（CIP）数据

　你想从生命中得到什么 /（美）瓦莱丽·提比略著；
刘健辉译 . -- 贵阳 : 贵州人民出版社，2024. 10.
(T 文库). -- ISBN 978-7-221-18471-9

　Ⅰ . B-49；B84-49

中国国家版本馆 CIP 数据核字第 2024JJ1776 号

NIXIANG CONG SHENGMINGZHONG DEDAO SHENME
你想从生命中得到什么
[美] 瓦莱丽·提比略 / 著
刘健辉 / 译

选题策划　轻读文库　　　　出　版　人　　朱文迅
责任编辑　任蕴文　　　　　特约编辑　　麦罗莉

出　　版　　贵州出版集团　贵州人民出版社
地　　址　　贵州省贵阳市观山湖区会展东路 SOHO 办公区 A 座
发　　行　　轻读文化传媒（北京）有限公司
印　　刷　　天津联城印刷有限公司
版　　次　　2024 年 10 月第 1 版
印　　次　　2024 年 10 月第 1 次印刷
开　　本　　730毫米 × 940毫米　1/32
印　　张　　7.25
字　　数　　130 千字
书　　号　　ISBN 978-7-221-18471-9
定　　价　　30.00 元

关注轻读

客服咨询

献给我的妹妹宝拉和基里

目录

前言

　　让我意外的是，原来人生这道题，不是说等你老了就会自己解开的。二十来岁时，我心想，到了五十来岁我肯定就事事都清楚了。这倒也不假，有些事情是更清楚了，你也不再有那么多选择，在某些方面也不再那么犹疑不定。但也有太多的新变化需要重新适应，想要得过且过是不可能的。面对不断变化的社会环境，我们应该如何思考自己的选择、目标和价值观呢？正是对这个问题的追问，促使我动笔写了这本书。如果不能得过且过，那我们又应该如何前进，才能尽可能过上幸福美满的生活？

　　说起来，我对持续变化的思考，也受到了2022年一系列事件的启发。新冠大流行、美国民主制度摇摇欲坠，都向我们抛出了不少新问题。哪怕是在疫情中保住了工作和健康的幸运儿，心里也攒了一大堆的困惑和担忧。大灾大难面前，人们很难不去思考自己投入大量时间从事的事业（对我来说是教授哲学）到底有何意义。这些思绪让我萌生了动笔的念头，或许有必要写一点儿不光能对课上二十位哲学系学生胃口的东西。这些思绪还引导我去思考了我们在动荡不安之中应该如何找到自己的位置，还有那些蕴含我们人生目标的价值观，以及我们应该如何看待它们。

事实上，我一直都在思考这些问题。要说有什么新变化，那就是我现在比开始思考这些问题时已经老了三十几岁。身为哲学家，我原本以为哲学理论能助我一臂之力。这样的理论有是有，只是有用的没有想象中那么多。古典哲学确有其真知灼见，但两千多年来时移世易，其中一些道理未必适用于当今时代。近代哲学又过于专业和复杂，因此派不上多大用场。而我求学时读过的那些哲学著作，又大多为白人男性所写；对于如何过好一生这个问题，我一直认为不同性别之间大有不同。举个例子，白人男性说起中年危机，十有八九都是在纠结自己为什么没有成为别人认为他们会成为的那种"伟大的男人"。但从来没人期待我会成为伟大的男人，所以这并非我要面对的人生命题。我要面对的命题，大多与性别歧视和性别偏见有关。从女性视角出发写一写要如何过好这一生，也是促使我动笔的另一个原因。

过去十余年间，心理学家或多或少已经取代了哲学家在幸福研究这个话题上的位置。但可惜的是，心理学研究也没能解答我的疑问。说起来，那些研究大多可圈可点、妙趣横生，但都没能给出思考如何过好我这一生的一般方法。在心理学的帮助下，我弄清楚了如何实现一些已有的目标：比如想要生活变得更加幸福，就应该常怀感激之心；想要增进同他人之间的情感联系，就应该多多尝试做出建设性的主动回应。[1]但是心理学并没有给出思考人生的一般方法，也没能帮我把这些大相径庭的碎片化建议一一拼凑起来。

哲学研究有两处特质一直以来让我分外着迷，一是它关注的是宏大命题，二是它一直努力把人类对自身的认识和对世界的认识融合到一起。如果能把哲学的作用发挥到最大，它就能为我们提供看待万事万物的综合视角，这样一来，我们就能在哲学思想的帮助下做出更具理性的选择，平淡安稳地度过一生。因此，我这本书是一本哲学指南，而非自助书。这本书不会教你获得幸福、赢得财富、成功减肥的十步计划，而是要提供一种思考生活中重要事物的思维方式，进而帮助你应对目标之间的冲突、信息差以及这个常常不愿配合的世界。

在写下这些话的时候，我心里十分清楚，世界上大多数人无法过上幸福生活的原因，主要还是在于外部世界资源不足，而非内心世界冲突过多。不公、贫穷、压迫、医疗条件不足、劳动待遇不平等，这些问题才是通往幸福生活道路上的主要障碍。它们背后蕴含着深刻复杂的政治学和经济学问题，并非我的专业领域，但我始终认为，我们这群有幸不必受此困扰的人，更应该思考自己能为解决这些社会问题做出什么贡献。所以，这本书虽然没有拯救世界的宏大抱负，但也实实在在想为善于思考的人提供一套思维工具，帮助他们理清自己的目标优先级。

哲学思想往往过于抽象，因此我在书中会尽量用例子来解释我提出的理论观点。通常情况下，我会拿自己举例，但又不得不承认，用这种方式谈论自己的亲身经历总是有些别扭。毕竟哲学家一般不怎么拿自己举例，而是会说某甲或某乙在某个时间做了某事。有时为了增加真实感，我们还会给这些角色取个名字（比如"安娜"和"鲍勃"）。但在我的成长环境中，谈论自己的生活细节其实是稀松平常之事。单靠假设性人物，再举一些单薄的例子，并不足以支撑起本书中讨论的话题。认识目标和价值观的过程，少不了具体生活细节的参与，而为了解释清楚这个认知过程，我就只能拿一些自己熟知的生活经历来举例，因为只有这样我才能对其中的细节做到了如指掌。好在我向来坚信自己的经历绝非独一无二，所以也真心希望这些经历能够引起读者朋友的共鸣。此外，我还举了一些模糊掉细节的例子，其中有一些来自身边朋友的亲身经历，有一些则是我曾经读到过的人物故事。

我在本书中要深入探讨的一个方面，是身为女性待在一个不太欢迎女性圈子里的感受。一般谈论幸福的文章其实大多不会涉及被边缘化的经历这个话题。研究幸福的哲学家在写文章的时候更倾向于谈论一般个体，而非男人或女人、黑人或亚洲人这类具体概念。但在我看来，这种做法有失妥当，或者说至少在我们想在现实中运用这些哲学思想的时候会产生问题，因为我们如何应对现实世界对于我们能取得多少个人成功至关重要。探讨歧视和压迫性社会化的相关背景很有必要，因为我们只有认识了某一事物如何影响我们，才能更好地应对。

但要谈论这个话题也并非易事，毕竟人人都有自己独特的人生经历，我也只有对自己的生活经历才能如数家珍。写这本书的前一年，在我生活的明尼阿波利斯市，乔治·弗洛伊德被警察跪压窒息而死，让我更加意识到了非裔美国人的生活经历和我的截然不同。所以，我选择了把讨论的重点主要放在自己的亲身经历上，以便专注于讨论我所掌握的真实情况。然而，在阅读了众多杰出黑人作家（其中包括詹姆斯·鲍德温、塔纳西斯·科茨、妮可·汉娜-琼斯、伊布拉姆·X. 肯迪、伊莎贝尔·威尔克森[2]）的人物自传和动员宣言后，我真切认识到，这些心中志向不被这个世界认可的人拥有许多极为相似的人生经历。虽然这并不意味着我们能够对他人的经历感同身受（毕竟每个人的经历都太不一样了），但或许可以从他人的处世方式中获益良多，学习借鉴他们在应对他人偏见性期望，抵制迫使我们顺从不符合自身实际生活方式的压力，以及拒绝用他人方式定义自身问题上所采取的应对策略。希望我的文字能够帮助各位读者抓住例子背后的核心思想，通过代入自己的生活细节，了解这些思想的实际运用方式。

阅读路线图

哲学不好懂。不管是在课堂教学中，还是在与陌生人的交流中，我都得到过类似的反馈。当我告诉陌生人我是哲学老师时，他们脸上总会露出一种奇怪的表情，还会跟我说，他们也曾经上过哲学课，但实在太难了。学术哲学，就是在专业期刊上发表的那种，的确很难，和所有的学术写作一样艰深晦涩。学术哲学文章里面满是各种术语，是写给专业读者看的。为了方便普通读者阅读，我在书中并没有使用专业术语，但里面可能还是会有一些读起来难以理解的地方。哲学家喜欢区分各种概念，用非常具体的方式来定义某种现象，有时甚至都有些异乎寻常，而且他们还希望读者在看完长篇大段的论述之后能够记住那些概念。虽然我尽力想让哲学家之外的人也能看懂书中内容，但我也清楚里面肯定还是会有一些哲学写作的痕迹。所以我想在展开具体章节的讨论之前，对书中主要观点（也包括一些关键概念）进行概述，如此一来，读者朋友们也可时时查阅以解心中所惑。

一句话概括，这本书探讨的是价值观的实现，以及在面对冲突时的价值观实现策略。我的出发点是，人生来注重价值观的实现，当我们做成了自己想做的事情，我们的生活也就会更加美好。不同价值观和目标之间的冲突，让我们在两个相反的方向上来回拉扯，偏离了价值观的实现轨迹。而目标与现实世界之间的冲突，让我们在追求成功的路上屡屡受挫，又一次偏离了价值观的实现轨迹。只有我们掌握了应对冲突的方法，生活才会更加美好，而要想掌握这些方法，首先要认识清楚我们在乎的是什么。

上一段寥寥数语之中就已经出现了一些专业术语，让我们再捋一遍，给这些术语下个定义。在前言中，我提到了"对我们而言重要的事物"和"我们关心的事物"。在本书的其他部分，我会用"价值观"和"目标"这两个术语进行指代。简单来说，目标就是我们想要得到的事物。更具体地说，它们是对一种优于我们当前情况状态的表征。目标的范畴非常、非常广泛，包括全体人类共享的事物，如食物、水、住所和性，但也包括非常具体的事物，如"玛格丽特做的一块生姜芝士蛋糕"和"更换衣柜里的灯泡"。我们多样化的目标一起组成了一个粗略模糊、杂乱无章的层级结构。有些事物是我们因为其他事物而想要得到的。我想要吃芝士蛋糕和换灯泡就是为了实现其他目标，即品尝美味和能够看到我的衣服。还有一些事物是我们因为它们本身的特性而想要得到的，比如家人的健康和幸福。即使是在我们最基本的目标中，也有一些目标要比其他目标更为重要。

在我看来，价值观是那些特殊的目标。它们往往更具有"终极性"（而不是"手段性"），因为我们追求它们是为了它们本身的意义。它们对我们来说往往也很重要，并且在理想情况下，良好地融入我们的心理过程。换句话说，价值观是在目标层级结构中地位较高的那部分目标，是不会引发内在冲突的目标。对我来说，吃一块芝士蛋糕的目标与管理我 1 型糖尿病的目标之间存在冲突，但我对保持健康这个价值观却没有什么内在冲突。我想要吃芝士蛋糕，但我重视我的健康。

我刚才提到，"理想情况下"，价值观应该良好地融入我们的心理过程。但这也会带来一些问题。是因为有些价值观要比其他价值观更适合我们吗？是的，没错！这个问题也就引导我们进入了本书的中心话题。

本书主要围绕两个问题展开：

1. 我们如何确定自己的价值观和目标，如何认识它们之间的冲突？
2. 我们应该如何改善自己的价值观和目标，从而化解冲突，实现更多的价值观和目标？

确定价值观与化解目标冲突，在一定程度上就类似园艺工作。实话说，我对园艺没有太大兴趣，但亲友圈里有很多园艺爱好者，所以从他们身上我多少了解到了一些关于园艺的知识。园艺师会充分利用手头的资源，如土壤、成树、地块形状，最后将其打造为一番令人满意的景观。对一些人来说，"令人满意"可能对应的是一座能够开花结果的花园；对一些人来说，可能是一座赏心悦目的花园；对另一些人来说，则可能是一座淘气顽皮的狗狗无法破坏的花园。植物之间其实就存在冲突：阔叶树遮挡住了阳光，留出了一块其他植物无法生长的阴影区域；一些树木（如黑核桃树）对许多其他植物有毒；还有一些植物具有侵入性，容易泛滥成灾。园艺师必须应对这些冲突：找到适合名贵植物生长的最佳位置，清除花园中的杂草，有时还要与不完美妥协。

借用这个隐喻来说，生活就如同一座花园，我们的目标就是花园中的植物，而价值观则是我们最珍惜的植物。我们需要做的是弄清楚我们有哪些条件可以利用，最珍贵的目标（价值观）是什么，以及各要素之间应该如何以一种适合我们的方式有机结合。在园艺中，如果核桃树正在荼毒花园里一切其他植物的生长，你可以砍掉它，或者可以改变自己对核桃树下可以种植何种植物的期望。如果昂贵的玫瑰丛因为潮湿的土壤而奄奄一息，你可以改变土壤，或者选择一个更能耐湿的玫瑰品种。对待价值观也是类似的道理。如果你执着于跑马拉松，不仅伤害了你的关节健康，还挤占了你陪伴家人的时间，那你可能需要找到一种看待竞技和健身的新方式。放弃马拉松，用散步代替。如果你对友谊的态度要求你不惜牺牲自己的利益去满足朋友的需求，那你也许得重新思考做一个好朋友需要的是什么，或者结识一些比要求苛刻的玫瑰更为宽容的朋友。

弄清楚对我们来说重要的事物，是第三章讨论的重点。通过第三章的阅读，我们将掌握认识我们的价值观和目标的几种不同策略：自我反省、小白鼠策略（从外部研究自己）、引导式反思、通过他人认识自己和进行探索。

第四、五、六章涉及的是管理目标冲突的策略，其中包括如何处理特殊的目标，也就是"价值观"之间的冲突。在第四章中，我们将首先区分三种不同类型的冲突：单一目标的内部冲突、不同目标之间的冲突、目标与环境之间的冲突。然后，我们将讨论三种基本的冲突应对策略：

1. 列出目标的优先级，调整目标实现手段。
2. 放弃其中一个相互冲突的目标。
3. 对我们的价值观进行重新解释。

当我们面对一个不愿合作的世界时，管理目标冲突的情况会变得复杂。这些与社会环境相关的挑战会在第五章中进行讨论。而在第六章中，我们又额外提出了两条应对目标冲突的可行策略：

4. 接受无法改变的事实。
5. 考虑进行根本性变革。

读到这里，你可能会觉得整本书都是在探讨前面提出的第一个问题（我们如何确定自己的价值观和目标，如何认识它们之间的冲突）。这种印象具有误导性，因为确定我们价值观的过程其实无法与确定哪些才是适合我们的价值观的过程彻底分开。当我们深入探索自己的目标和价值观时，常常会发现自己对它们的定义没有准确的把握，对在这些目标和价值观上获得成功有何意义也没有清晰的认知。例如，我们知道自己重视"工作"，但可能会发现自己并不确定内心是否真的在乎提升和运用我们的技能，是否真的在乎在更大的范围内做出有意义的贡献，是否真的在乎赢得同事的尊重。在尝试准确把握对我们来说重要的事物这件事上遇到棘手的目标冲突时，我们需要在如何理解这些目标、如何给这些目标排出优先级的问题上做出选择，但无法在不考虑哪些事物会影响我们生活质量好坏的情况下进行选择。理解和改进是一个过程的两个方面。

改进目标和价值观的具体内涵因人而异。我并不打算告诉你必须拥有哪些价值观，就像我不会告诉你应该为花园购入哪些植物一样。我们在目标层级和植物偏好上存在太多个体差异，提出一个统一答案的效果十分有限。但在思考什么样的价值观才是好价值观的问题上，我们可以确定几条一般性的指导原则。首先，作为人类进化的产物，我们每个人几乎都有追求舒适和安全、新奇和刺激、自主（对生活的掌控）、能力（做想做之事的技能）以及与他人建立联系的基本心理动机。其次，随着心智水平的不断提高，这些基本心理动机会被我们的个性和环境（父母、老师、文化等）塑造成具体的目标。人类的本质特征和个体的心理特征这两大方向性制约，会影响我们改变自己价值观的具体方式。它们并不能完全阻止我们做出改变，但确实塑造了我们能够做出何种改变。也就是说，要了解应该如何改善我们的价值观，我们必须考虑清楚自己是一个什么样的人。

因此，最适合我们的价值观是那些符合我们个体特征，同时能够在生活中成功实现的价值观。关于我们是谁这个问题有一个重要事实，人类是一种非常典型的社会性动物。我们绝大多数人都是在家庭、朋友、集体构成的大环境中获得自身的发展，而这就意味着最适合我们的价值观还会在一定重要程度上涉及他人的参与。社交关系的重要性不容忽视，友谊、家庭和集体的价值观将会贯穿全书，但这要到第七、八章中才会着重讨论。这两章主要关注的是我们应该如何对待其他人，以及道德价值观是如何体现在我们花园之中的。

以上就是本书的阅读路线图。祝你旅途愉快！

———————

Chapter 1

我们想要什么，
需要克服的障碍
又是什么

我是一个不折不扣的老好人。我自小在加拿大长大，从小就受到了礼貌文化的熏陶。而天生的1型糖尿病，又教我很早就明白了这样一个道理，那就是让别人失望（尤其是医生）可能让我小命不保。虽然在20世纪70年代，也就是我的青少年时期，高举女性主义大旗的父母一直教导我要放心大胆去做自己想做的任何事情，但当时的主流文化对两性社会分工的想法还是十分保守：男人做领袖，女人当帮手。讨好型人格让我对各种冲突避之不及。可我又是一名哲学家，而哲学向来吸引好斗之人，也一向对这些人青睐有加——他们个个争强好胜，动作敏捷。我不是争强好胜之辈。年轻的时候更是和好斗二字搭不上边，我那时候忙着听辩论，忙着琢磨为什么正反双方其实各有道理。虽然我酷爱阅读，也喜欢思考一些"宏大"的问题，但因为不好斗的性格，我总觉得自己不是一块研究哲学的好材料。毕竟，哲学领域似乎有一些学者总喜欢盛气凌人，更在乎与人一决高下，而非针对研究话题展开深入探讨，而敢在这些人面前坚持己见、据理力争的人，才是研究哲学的不二人选。所以，我的好人性格并非研究哲学的佳配。

性格上的不匹配是一个长期困扰我的问题。因为它的存在，要成功实现一些对我来说重要的事情变得更加困难了，就比如说，我想做个好人，同时也想做个优秀的哲学家。我的性格甚至曾经一度变得相当别扭。在研究生阶段这个学习调整性格的黄金时期，就算是在和气融融的家庭聚会上，我都会像律师一样和别人争论不休。直到今天，我耳边都还是会回响起妹妹宝拉的话："不是只要与人交流，就要有输赢，就要分对错！"我努力向优秀哲学家的标准步步靠拢，却离好姐姐的身份渐行渐远。

实话实说，在哲学这个领域，我从未有过游刃有余的感觉。我一直都觉得自己笨笨的，像个骗子一样，没有真本领。很多时候，我都感觉自己没有受到他人重视，我觉得是自己提出的问题和想法有点"脱离实际"了。一位朋友曾经建议我，写哲学文章要"直击要害"，这样才能更容易发表。他是说，我应该瞄准对方观点的不足之处，力求一击致命，不留下任何喘息的机会，然后再提出自己的观点。我也不是没有尝试过，但我实在不擅长以文字为剑，也实在对"直击要害"这种做法提不起兴趣来。（家庭聚会上的雄辩就是典型的敌我不分，弄错了攻击对象。）我从中得到的经验是，与其在怀疑自己有没有真本事和担心自己入错了行这两件事上浪费时间，倒不如花时间做好自己该做的事情，想想怎么样才能有所进益。

如果我不是那么在意取悦他人，如果我对别的职业更感兴趣，而取悦他人是一个加分项，我应该就可以快快乐乐地做自己想做的事情了。然而事实并非如此，"老好人性格"和哲学家身份之间的冲突打乱了一切，让我对自己正在做的事情产生了怀疑。如果哲学家大都固执己见，只一心急于提出自己的观点，从不听取对方的想法，那么哲学到底好在哪儿？如果好人性格给我带来无尽的焦虑和不安，总是担心自己是不是哪句话说错了，有没有伤害到他人的情绪，那么这种性格到底好在哪儿？这些价值危机，让我不清楚自己应该做什么。我该另谋生路吗？我该吃抗焦虑药吗？不清楚对自己重要的事物是什么，想往前走一步都很艰难。毕竟，如果连自己想要什么都不知道，还谈什么想办法得到那些东西呢。

我生活中面临的冲突还算平淡。从来都不是什么生死大事，也不是一定要借助药物才能缓解，不然就会陷入重度抑郁的生存危机。虽然上面举的都是我个人的例子，但是生活中碰到的冲突却是非常普遍的情况，相互矛盾的目标之间爆发冲突，让我们不禁怀疑自己都在做些什么。这种类型的冲突大多和工作有关，比如你想当一位称职的家长，也想拥有一番成功的事业，但这两件事都在争夺你的时间。你想要升职加薪，但要在职场上往上爬，就少不了要和自己不喜欢的人打交道。你希望从事的工作对得起自己的良心，但你就是很擅长帮公司打环保官司。你得到了梦寐以求的工作机会，但工作地点又远在千里之外。你在两份工作之间左右为难，其中一份收入可观，下班之后还能有空上健身房锻炼；另一份做起来更有成就感，但有没有时间健身可就不好说了。人们常说的工作与生活的平衡，其实就是这一类冲突的典型代表——但并不是唯一一个。

我们有数不尽的目标，自然也就有数不尽的面对目标冲突的可能。举几个例子，你是一名虔诚的教会信徒，但教会对同性婚姻所持的立场又实在让你难以接受。你和伴侣一直怀不上宝宝，但是你们又在试管婴儿和申请领养之间拿不定主意。你希望孩子得到全方位培养，但参加兴趣班和俱乐部就要每天接送孩子，这样一来你就没有自己的时间了。你想学踢踏舞，但是你在成长过程中又被人灌输了跳舞就是虚度光阴的观念。这个世界上有多少人，就存在多少种目标冲突的可能情况。

所有这些冲突都会让我们怀疑自己有没有选对路。眼下这份工作真的值得让你做出如此牺牲吗？想当个称职的父母，就一定要天天给孩子当司机吗？金钱到底有多重要？现在这个教会好在哪里，别的教会就比不过吗？重大冲突会让我们不得不质疑自己所看重的东西。但其实早在它们露面之前，我们的生活中就已经充满了各类冲突的身影，压力、挫败和烦闷都是人们遇到冲突时的具体表现。每逢事有不顺，最后多半都能归结到冲突二字上。

在此，我要和大家说明一下，不是所有的冲突都能和问题画上等号。我不知道该选生姜芝士蛋糕还是南瓜芝士蛋糕，但是做不好这个选择不会给我带来多少痛苦。目标之间的小冲突和小摩擦甚至不见得会是一件坏事：正是因为在追求两个截然不同的目标，我们才有机会更清楚地认识每一个目标的具体内涵；直面冲突则可以激发我们的创造性思维，从而得出解决问题的新思路。本书关注的是那些阻碍我们成功得到自己所看重的事物的冲突。我们当然可以称之为"重大冲突"，但我不会每次都加上"重大"二字来修饰。后续章节中的例子，我会帮助大家认识究竟什么样的冲突才会带来问题。

本书探讨的主要话题包括什么是重大冲突，以及我们应该如何加以应对，从而实现让生活更加美好和满足反思性思维的总体目标。但具体怎么操作，书里并不会给出固定的方法和流程。在我看来，不同的人适用不同的解决方案，而哲学家能做的就是找出问题所在，给出一般的解决方法，然后指出一些可行的应对之策。一般的解决方案就是要先结合我们的自身情况，想清楚对我们来说重要的事物到底是什么，然后重新调整目标，帮助它们摆脱重大冲突的困境。因此，弄清楚对我们来说重要的事物是什么，也是本书关注的一大话题。至于如何做到这一点，是通过好友或心理治疗师的帮助，通过写日记、列清单，还是通过冥想，取决于你的个人情况，要看你有哪些过人之处，同时存在哪些弱点。通过后续章节的阅读，你将收获一套看待价值观和目标以及两者相互关系的一般哲学方法。

目标冲突和人类的复杂情况

就拿我的小狗糖糖和我们人类做个对比吧。糖糖得到对她而言重要的东西后，她的生活会变得更加美好。但她想要的其实不多，只要有人给她揉揉肚子，可以拥有自己的小窝，再吃点零食，这些也就够了。

但是人类的情况（至少是在看这本书的朋友）可就复杂多了。我们还是小宝宝的时候，想要的东西其实和糖糖差不多，但是随着大脑的不断发育，我们的好奇心与日俱增，很快就不再满足于那些基本需求。我们的目标开始变得多样化、层次越来越丰富、不同目标之间的联系也在不断加深。尽管对爱和食物的需求从未停歇，但是随着我们逐渐了解文化和家庭提出的规范和期望，这些基本目标也变得越发复杂。我们对食物的需求演变成了对高级大餐、地道烧烤和素食烹饪的热爱。我们对爱的需求则深受由社会文化塑造而成的理想人际关系概念的束缚。我们对挑选伴侣的要求日益严苛，对于该交什么样的朋友不再循规蹈矩，对不符合女性主义观念的传统婚礼充满幻想，对我们选择的家人（而非血亲）产生了今后相互扶持的强烈责任感。除了食物和爱的需求之外，我们的其他目标也开始变得复杂起来。在不断发现自己喜欢什么，不断了解自己擅长什么，不断明白自己能做什么的时候，我们拥有的大目标和小目标也越来越多：工作、财务安全、运动、音乐、艺术、写作、阅读、游戏、志愿活动、教学、语言学习等。

我们清楚意识到了自己拥有目标的事实，这也就意味着我们至少掌握了审视、怀疑、偏好和拒绝其中一些目标的能力。糖糖当然也会有目标冲突，但（几乎肯定）不是"她实际想要的东西"和"她以为自己想要的东西"之间的冲突。她从来不会怀疑求人揉肚子是否值得，也从来不会担心长期吃便便是否会对身体健康产生不利影响。对于一只比格犬来说，没有什么会打乱她原本的目标计划，没有什么会让她停下脚步，逼着她重新思考生活中重要的东西是什么。

当然，我们未必时时都清楚自己有哪些目标，也永远做不到同时清楚自己所有的目标。如果有人问你都有什么目标，你多半能答出几个来。你可能会说你在努力控制血压，在学游泳，在找一份自己喜欢并且收入可观的工作。但是在生活中，我们并不是一开始就自动生成了一份详细的目标清单。其中一个原因是人类的大脑过于复杂，很多事情都在无意识的情况下发生。换句话说，无论我们清楚掌握了多少个已知目标，总是会存在一些不为我们所知的隐藏目标。这些隐藏目标同时也是我们特定行为背后的动因，也会让我们产生从满足到失落的各种情绪。我渴望取悦他人的目标，其实就是一个隐藏目标。哪怕在我全然不知的情况下，我的行为举止，还有对人际交往的想法，也还是会受其影响。那些有强烈取悦他人动机的人，在交友、求职和生活方式的选择上，往往也会受到隐藏目标的影响，会在不知不觉中迎合社会文化要求的相关规范。

强烈的生理需要也是一种隐藏目标。一名选择进入太空一整年，其间不和任何人接触的宇航员，或许会因为主动选择暂时放弃了亲密关系这个隐藏目标而经受巨大的悲伤。透过这个例子我们可以看到，在某一时刻的已知目标，在另一时刻会变成隐藏目标。这位宇航员在大学时期与人约会的时候，应该还能十分清楚地意识到建立亲密关系的目标。但当她决定将注意力放到太空探索上一段时间后，关注点自然就从亲密关系上移开了，暂时不再将其视为一个重要目标。然而，亲密关系这个目标可能依然存在，即便被隐藏起来，也依然足以引发情感上的孤独效应。我们可以将有意识关注想象成一个照射范围有限的手电筒：它可以照亮一部分目标，将它们带回到我们的意识范围之中；但是除非我们掉转照射方向，否则大多数目标还是会隐藏在黑暗之中。

至于照亮目标的具体过程，这个问题我们留到后面再具体讨论。至少就目前而言，我们应该知道为什么人类面对的冲突会如此复杂了吧。因为整个目标体系太复杂了，实在难以实现和谐共处。目标之间是否实现和谐共处重要吗？我认为这非常重要。

和糖糖一样，人类也是动物的一种，当我们实现了自己的目标，得到了对我们而言重要的东西，我们的生活也会变得更加美好。重大冲突就是我们需要克服的障碍。之所以这么说有两点原因。第一，目标之间的冲突让我们难以顺利实现目标，得到自己想要的东西。当目标之间出现冲突时，朝着实现其中一个目标努力，就意味着放弃甚至是破坏为另一个目标所做出的努力。这是我们作为动物共同面对的难题：对糖糖而言，吃便便和揉肚子就不可兼得。但是对于大多数动物而言，目标之间的冲突可以得到轻松化解，因为对一件事物的渴望自然而然会盖过对另一件事物的渴望。人有时候也是这样：就比如说，我对芝士蛋糕的渴望，最终会迫使我在生姜和南瓜两种口味之间做出选择。但是我们也有很多难以化解的冲突，而这些冲突就是我们需要克服的障碍。第二，对人类来说，重大冲突会让我们反思自己设立的目标到底对不对。当我们内心出现了冲突，心情低落，两个目标来回拉扯的时候，我们可能会怀疑是不是下错了功夫。弄清楚这两点原因对理解后文也十分重要，请容我多费点笔墨详细解释一番。

要理解冲突妨碍目标实现的过程其实并不难。举个最简单的例子，你想吃苹果，同时你又在尽量避免吃苹果，那么这两个目标肯定有一个会受挫。同样，如果要成为一个优秀的哲学家，就不能做个性情温和的人，那我就要有所取舍。如果你的空闲时间要么只能用来学西班牙语，要么只能用来学雕刻木鸭子，那你就不能两样都学。如果当个好父母就是要待在家里陪孩子，那好父母和好事业你就得选一样。但其实呢，学雕鸭子并不会占用你所有的空闲时间，当好父母也不是只有在家陪孩子这一种方式。我们发现，原来还可以重新定义自己的目标，使之不必处于冲突之中（这就是问题解决方案的一部分）。但我想说的是，如果是你看待目标的方式让它们卷入了冲突之中，那么这些目标实现起来一定是困难重重。

对于一些看起来八竿子打不着的目标，冲突也会阻碍它们的实现。当我们受到冲突影响，产生了焦虑和压力等负面情绪时（这种情况时有发生），几乎所有人都追求的两大目标——健康和幸福——就会受到伤害。冲突会让我们感到不适，需要我们投入关注，也就分走了本该花在其他更为重要事情上的时间。

冲突还常常阻碍利他目标的实现。想想这条温馨提示，"在帮助他人前，请您先自己戴好氧气面罩。"这本来是对飞机乘客的提示，但是现在已经变成了一条表示独善其身的网络热梗。自己尚且自顾不暇，自然难以向他人施以援手；那些被内心冲突折磨得疲惫不堪、痛苦万分的人，通常都无法成为能够为他人提供坚强后盾的伴侣、父母或朋友。能够遵从内心价值观行事，同时不受重大冲突困扰的人，才拥有更多的资源去帮助他人。因为她拥有更多可供呼吸的氧气。

因此，当冲突长期存在，一直得不到解决时，随之而来的第一个问题就是，我们的大部分目标实现起来将更加困难。第二个问题就是这会扰乱我们繁忙且具有反思性的大脑思绪，让我们对自己真正想要的事物感到迷茫。你在两个相互冲突的方向上来回拉扯时，必须选择其中一个方向。如果足够幸运，做出选择应该不难，但事实上我们常常犹豫不决。在追求目标的过程中，你不仅需要清楚目标是什么，还要分清楚它们的优先级，所以该选哪个方向也就成了问题。冲突会让我们怀疑自己是否真正了解这一点。拿我自己来举例：我不知道从事哲学研究是不是正确的职业选择，我也不知道自己的性格是不是性别文化的产物，而我其实应该努力摆脱这种性格。同样，工作的忙碌和家庭的琐碎之间的冲突，也会让人不禁怀疑一份成功的事业最后有何意义，或者怀疑要当好父母或者好伴侣的种种标准是否真的合理。

我们可以稍做停顿，问自己这样一个问题：实现目标到底重要在哪儿？对一些人而言，这个问题不值一提：连自己想做的事情都做不了，还能有什么比这个更糟糕呢？但对其他人而言，这个问题十分深刻，是一个关乎幸福人生真谛的哲学命题，也是数千年来哲学家试图解答的问题。[1] 在漫漫的历史长河中，一些哲学家认为，幸福的人生——或者说美满的人生，辉煌的人生——就是快乐尽可能多，痛苦尽可能少的一生；享乐主义认为，幸福人生在本质上是一种主观感受，感到快乐肯定要比感到痛苦来得好。而在另一些哲学家看来，幸福的人生就是通过培养、发展思辨能力和个人美德，尽可能发掘自身潜力，然后发光发热的一生。近来，心理学家也加入了这个话题的讨论，提出了自己的观点。在这个问题上，有人倒向了享乐主义，认为幸福人生就是由幸福感和满足感所组成的。有人则认为人类基本需求的满足才是获得幸福人生的关键，其中包括自我导向、人际关系和技能培养等方面。[2]

对此，我的看法是，实现与个人性格和个人情况相符的价值观，才是解读幸福人生的最佳注脚。[3] 当我们成功得到了对自己来说至关重要的东西，而这些东西又恰恰符合我们的欲望、情绪和判断时，自然就会收获幸福。如果这就是幸福的真谛，我想为何实现目标如此重要也就不难理解了。我的这套理论将幸福定义为"价值观"的实现,"价值观"就是按照特定方式组合的重要目标。幸福生活的全部就在于实现符合自己心理特征的重要目标。这就是幸福的价值观实现理论。

你心里可能会有这样的疑问,如果幸福的真谛仅仅只是实现自己的价值观,那些穷凶极恶之人应该是天底下最幸福的人了,毕竟他们只管实现对自己有用的价值观,把后果都留给了我们来承担。这的确是个烫手山芋,也有哲学家认为这就是这类理论存在的漏洞。对此,我想做出两点解释。对于道德败坏的人来说,价值观实现理论并不会让他们更容易获得幸福,这一点我会在后文详细说明。对于绝大多数人来说,符合道德标准的价值观才会对获得幸福有所帮助。不仅如此,我的理论还存在一些独特的过人之处,因为它没有给出一套主观的标准来规定什么样的价值观才是正确的价值观:一方面省去了证明这套标准的麻烦,另一方面则避免了在幸福生活这个命题上采取一刀切的做法。考虑到人与人之间的巨大差异,我认为这样做的意义非常重大。

简单来说,你可以认同我提出的实现价值观的重要性,而不必认同我对幸福真谛的理解。我们可以先暂时不考虑这些哲学辩论。因为不管你如何看待什么才是幸福人生,不管你如何回答幸福真谛这个古老的哲学命题,你都需要把自己的想法化成目标,然后努力实现它。我们获得幸福的方式——不管我们如何定义幸福——都是通过设立目标、布置行动计划、开展具体行动来一步步实现的。如果你认为幸福就是要实现一些特定的主观目标，比如获取知识、建立友谊、拥有信仰，那你就要弄清楚这些目标都有哪些具体要求，然后通过实际行动，一点点满足这些目标。那些与此发生冲突，阻碍你实现这些目标的事情，就是你前进路上的拦路虎。如果你支持享乐主义的观点，认为幸福的一生应该是快乐的一生，那你的目标就是收获快乐，远离痛苦；而目标冲突会阻碍你获得幸福。不管你如何看待美满人生、辉煌人生的话题，你都无法否认设立目标和化解目标冲突的重要性。

应对目标冲突
的基本策略

在我们清楚认识到自己都拥有哪些终极重要目标，然后找到方法达成这些目标，实现目标之间的和谐共处之后，我们的生活就会变得更加美好。这些终极重要目标就是"价值观"。我对"价值观"的解读，就是那些对我们而言非常重要的目标是我们在反思生活时首先想到的一些目标。如果现在有人要你反思一下自己的生活状态，你会想到什么？就我个人而言，我会想到最近一段时间的感受，我的心情、家庭、婚姻、朋友，还有我的健康和工作，以及我为世界做出的贡献。然后结合这些事情的现状，评估我当前生活的总体状态。[4]幸福、人际关系、教学还有健康，这些事情组成了我的价值观。当我们实现了自己的价值观，生活就会更美好，而要实现这些价值观，我们注定会遇到严重的目标冲突，因此需要掌握一定的应对策略。有了这些策略的加持，我们就能够实现自己的重要目标，同时形成对这些目标的深入了解，让我们相信自己没有走上歪路。

应对重大冲突的基本策略和存在主义的观点有几分相似，后者强调的是个人选择和个人自由。存在主义认为不存在所谓外界施加给我们的绝对价值观，而一些事物之所以重要，是因为这些事物对我们来说很重要。本书也持有类似的观点：这个世界上原本不存在什么价值观，是因为人们有自己重视的事物，所以形成了自己的价值观，我们需要做的就是弄清楚自己应该重视什么，以及如何重视。存在主义还认为我们在目标和行为的选择上存在一定自由，我也认同这个观点。在这一点上，我们要远比糖糖这只比格犬拥有更多的选择自由，毕竟她的全部动机就是满足自己吃到零食和得到抚摩的欲望。而我们在理解目标、定义目标优先级和追求目标上拥有更多的选择，也意味着我们有更多自我发挥的空间来做出更好的选择。这是一条贯穿全书的重要线索：我们在思考自己的当前目标，想办法化解目标冲突的时候，同时也在探索优化目标体系的方法。

但我并不认同存在主义关于"激进"选择的观点。存在主义认为，我们的选择在本质上不会受到人类天性的束缚，因此我们必须相信自己在选择定义自我身份的价值观上是完全自由的。而在我看来，我们是在目标追求心理机制和高度社会化、彼此相互依赖的人类天性影响下，做出了对价值观的选择。[5]我们不会做出激进选择，因为我们的选择受到个人意志的限制。重新回顾一下我在"阅读路线图"中引入的隐喻：我们在花园里应该种什么植物这个问题上的选择，会受到花园面积、平均降水量、土壤肥沃程度等因素的制约。等到我们有能力对自己的价值观进行反思，考虑做出适当调整的时候，我们早就已经受到了成长环境和文化环境的深刻烙印。把我们在乎的一切通通拔除，然后从零开始，这不是多此一举吗？甚至早在成长环境和文化环境对我们产生影响之前，绝大多数人就已经开始拥有强烈的内在倾向，想要重视人际关系、重视收获快乐，以及重视使用技能自主解决问题了。我们受到基本需求"驱使"的方式可能跟糖糖的不一样，但这些基本需求会像路标一样指引着我们选择的方向。而通过后续章节的阅读，我们也会发现有路标指方向可不是一件坏事。

Chapter 2

龟、狗、人
有什么相同之处

想必女性朋友都有过这样的经历：买好了出席重要场合穿的衣服，比如参加婚礼的礼服，但是还要挑一双与之搭配的鞋子。对此我深有体会，说白了就是不同的目标互相打架。一双令人满意的鞋子，得衬衣服，不伤脚，不必花大价钱，质量还要好，可不能穿上一回就坏了。这可是四个截然不同的目标！我们在购物时，就要调和好这些目标的关系，这一项是要差点儿，但另一项也得了个称心如意。如果一点儿都不愿妥协，那最后可能只好光脚去了（要不就是穿一双过气的旧鞋，和衣服都搭不上边）。但要是妥协得太多，又会后悔没多花点时间好好挑一挑。通常情况下，不同目标之间的小打小闹并不会带来大麻烦。主目标（鞋子）和子目标（外观、舒适、价格）都一目了然，尚未涉及不确定性和自我审视的环节。但要真是买不起一双鞋，又或者鞋子太多都挑花了眼，"选鞋困难症"找上了门，可就没那么简单了。

购物里隐含的冲突还是相对容易解决的。类似的情况还有：午饭吃什么？我想吃点儿健康的食物，要美味可口，做起来还要快，只要想想冰箱里都有什么，就知道这些目标少不了要大干一场。结账时要纸袋还是塑料袋？纸袋可能更环保一点儿，但塑料袋还可以在遛狗时捡便便呢。书中探讨的冲突要解决起来都并非易事，因为它们的"重要级别"都很高，但是这些冲突不管大小，都有两点相通之处。第一，面对这些冲突，我们都可以划分出陷入主要冲突目标的不同方面，分出多个子目标；第二，解决问题的关键就在于调和好目标之间的关系。应对日常的小冲突，不用花多大功夫就能处理好。但要是碰上大冲突，可就要下真功夫了。至于怎么下真功夫，这正是本书要探讨的内容。当然，我们也不会忽略小冲突该怎么处理。毕竟，在分析如何解决大冲突之前，先了解处理小冲突背后的原理，有时能达到事半功倍的效果。

大冲突怎么就要比小冲突难对付？为什么生活就不能像购物一样简单？关键在于有一些目标对我们更重要，所以我们更看重这些目标，给它们标上了更高的优先级。这不难理解。比如对我们大多数人而言，让孩子吃饱穿暖，要比让他们学滑板更重要，也远比为了参加婚礼挑双鞋子重要。经济上没有后顾之忧，要比吃一块芝士蛋糕更重要。避免染上传染病，要比去酒吧喝酒更重要。我们有很多不同的目标，但它们并非同等重要。挑双好鞋、学学滑板、吃吃蛋糕、泡泡酒吧，这些都没什么不好，但是有比它们更重要的目标。当重要目标打起架来，一时又找不到办法解决，问题就出现了。

大冲突要比像购物这样的小冲突更复杂的另一

个原因在于，要考虑到一个目标对其他目标造成的影响。如果我最后决定不买鞋，就穿一双旧鞋去参加婚礼，我的生活并不会受到多大影响，朋友不会从此就不和我往来，工作不会说没就没，我的健康也不会受到折损。但是换一种情况，如果我为了有更多时间陪伴家人，放弃了自己的职业发展，那我的生活就会受到严重影响：我不会再有工资收入，也不再有教授的身份，很多职业上的人际关系也会受到牵连。如果我选择了塑料袋而非纸袋，我的生活不会有多大改变，但是如果我不再把健康当回事，那可就不是闹着玩了。不光我的预期寿命会变短（这又会导致很多长期目标无法实现），我通过在一起锻炼而建立起的友谊也会就此断送。一个目标对其他目标的影响程度越大，目标之间的冲突就越难化解。

目标的两大特征——重要程度和影响范围——不同程度地存在于各种目标之中，这一点在与职业发展和人际关系相关的目标中表现得尤为显著。也正是由于这两大特征的存在，有些冲突才要比买鞋的冲突难化解得多。要想化解这些冲突，我们首先要划分出最重要的目标，也就是"价值观"。

那什么是价值观呢？在这里，我先姑且给出一个简单的定义，就是指那些相对来说已经完全融入了我们心理过程的终极重要目标。换言之，它们在我们的目标体系中享有更高的优先级，也更"贴合"我们的本性。我的价值观重视维护和父母之间的关系，于是我会有每周和他们通一次电话的目标。最好的价值观往往是那些可以伴随时间推移相互成全的目标组合，实现这些目标是通往美好生活的必经之路。目标之间的冲突阻碍了价值观的实现，也阻碍了我们过上美好的生活。接下来我将向大家说明，明确自己的价值观可以如何帮助我们化解冲突，从而避免我们受到伤害。但在此之前，我们先要深入了解一下目标和价值观的本质。

目标背后的
心理学原理

什么是目标？目标就是我们想要实现的想法的心理表征。我们想要得到一些东西，为了得到这些东西，我们要思考、要行动，还要复盘成功和失败的原因，循环往复，这是动物的天性，也是人的本能。心理学家将这种生物机制称为"以目标为导向的自我调节系统"，对科幻迷来说，也可以叫它"控制调节系统"。[1] 我们不妨拿小乌龟米莉森特来举例。乌龟是一种相对简单的自我调节生物，甚至要比我的比格犬还要简单。米莉森特常年生活在小河里，但她想吃路对面的草莓，所以吃到草莓就是她的目标、她的"参照价值"。参照价值是用来决定采取何种行动，以及评估这一行动成功与否的参照标准。实现参照价值代表了现状得到改善：吃到草莓当然是件好事！自我调节系统还必须具有认识事件当前状态，并将其与参照价值进行比较的能力。米莉森特发现自己现在没有草莓可吃（这是系统的"输入"），认为这种情况不如"吃到草莓"好（参照价值），于是决定爬到长满草莓的田地里大快朵颐一场（这是系统的"输出"）。草莓带来的味觉享受和饱腹之后的愉悦满足又成了系统新的输入。对整个目标实现过程而言，事后的满足是十分重要的一环，可以强化学习。满足感是目标实现后得到的奖励，所以米莉森特从此就知道了自己能爬到路对面，也知道了草莓很好吃，然后会产生一个新的目标（回到小河里）。

如果乌龟的例子让你不适，先别急着合上书，给我一个解释的机会，我也知道我们不是乌龟。（我对乌龟也只是略知一二，上面的例子和乌龟的具体行为也没有多大关系。）人类的自我调节系统要复杂得多，而且它的不同阶段不完全是逐步递进的关系：就比如说，我们可以同时追求多个目标，等等。这个简单的道理提供了一条认识目标的新思路，而在我看来，这也是一条十分有效的思路：目标代表的是一种优于我们所处环境的状态，也就是一种优于现状的状态。目标指引我们行动，指引我们从经验中获得继续向前的良策。

这个简单的道理实则有两点好处。第一，它进一步解释了冲突的症结所在。相互冲突的目标是自我调节系统的一大硬伤。如果一个人同时在两个目标之间来回摇摆，还谈什么制订行动计划、评估计划成败、从中吸取经验教训呢？如果米莉森特既想吃路对面的草莓，又想待在小河边，她会面临什么样的情况呢？她做不到两者兼顾。好在事情也有转机，如果米莉森特是一只身心健康的乌龟，那么她面临的冲突可以轻松化解。伴随她饥饿程度的变化，这两个目标的重要程度会此消彼长。但如果事情没有朝这条轨迹发展——如果她想待在小河边和想到路对面吃草莓的决心自始至终都旗鼓相当——她就会像"布里丹之驴"一样，站在两堆干草中间，决定不了该吃左边的还是右边的，最后活活饿死。"布里丹之龟"则会困在去吃草莓和返回小河的路上，最后被车撞死。

第二，心理学层面对目标的解读，让我们认识到了隐藏（无意识）目标的重要性，这对于理解后面的内容也十分重要。目标不一定是我们有意识活动的一环。即便你没有明确说明自己的目标，大脑还是可以将某一件事物视为一种良好的状态。这些在心理上隐藏起来的目标和感受模糊不清，难以用言语表达，但是又对控制我们行动的自我调节系统起着不容忽视的作用。基于我们对大脑工作原理的了解，这也是意料之外的事。有意识目标——就像其他有意识活动一样——借用的是处于工作状态的记忆，而工作记忆和人类大脑的庞大体量相比只是九牛一毛。如果所有目标都是有意识目标，那我们的工作记忆一定会不堪重负。[2]

人类高度进化的目标追求本能，是无意识目标的一大根源。目标追求者无论是乌龟、比格犬，还是人类，都必须具备特定的动机来推动目标的实现。如果我们要确立目标，要通过努力来实现目标，要从过去的经历中吸取经验教训，就首先要有探索世界、改善现状的动机。空有好奇心和探索欲，却禁不起稳定性的考验，最后只会引火烧身。所以，我们还要有足够安全稳定的内在动机。只有稳定性而没有探索欲，反而会让我们止步不前。我们需要同时具备这两种目标：向前一步的勇气和不忘回头的智慧。人类是一种特别注重社会性的目标追求生物，需要通力合作以求生存，所以我们还进化出了与他人建立联系的动机。[3]这些进化而来的目标，比如对新鲜和刺激、舒适和安全，还有和他人建立联系的追求，我称之为基本心理动机。这个概念对于理解后文会起到重要作用，因为这些动机是我们为创造美好生活制定目标和价值观的稳定动力源。

没人会对呼吸、吞咽、消化这些生理目标背后存在的无意识力量感到惊讶。这些行为都不属于有意识的范畴，也幸好如此：想象一下吧，如果要把呼吸、消化这些目标都加到早已满满当当的日程清单上，会是什么样的画面啊！但是对于那些要付诸行动才能实现的目标，大家却往往不愿承认这些目标背后也一样存在无意识力量的事实。我们对自己进行有意识的理性思辨、理性选择和理性规划的能力深信不疑，哲学家也容易陷入这一误区，比如柏拉图就曾认为人类的理性力量就像站在战车里的御者一样，驾驭着我们的本能和情绪这两匹战马。但其实有很多人（也不光是哲学家）都倾向于认为自己就是生活的主宰，不肯相信背后还有无意识力量的左右。

我们的很多经历都可以证明隐藏的心理动力会影响行为，但我们还是愿意相信上面这种让人感觉良好的自我形象，足见自欺的力量还是非常强大的。相比之下，我们在谈论他人的时候，却很容易察觉出有意识的目标受到隐藏情绪影响的情况。比如，我们会注意到，自我怀疑的隐藏情绪会让人畏首畏尾，不敢树立远大目标，甚至放弃追逐梦想；羞耻感会使人主动回避社交活动；内心深处对获得他人认同的渴望，则会让人做出只为取悦父母的选择。新冠疫情让我们认识到了和他人建立联系的需求是多么重要。疫情封控的半年时间里，我只能拥抱爱人和狗狗，等到解封之后，我第一次拥抱朋友时，眼泪简直夺眶而出。身边有不少朋友也惊讶地发现，社交逐步恢复正常后，大家对于能够欢聚一堂竟然有一种说不出的高兴。当然，我们也知道自己在过去的几个月里错过了不少事情，但我觉得我们的身体要比我们更清楚这些社交目标得不到满足会让人有多痛苦。

有时候，我们也能在自己的生活中观察到隐藏目标带来的影响——虽然往往要花费一些工夫才能弄清楚隐藏目标都有哪些。多年前，一位挚友告诉我，在社交场合里，我对男性的关注要高过女性。身为一名坚定的女性主义者，我顿感冒犯，但她是一位信得过的朋友，社交能力也不错，又是一番良言，我才接受了她的说法。那之后，我逐渐认识到，虽然我永远都不会把更关注男性的发言作为自己的目标，但我的行为的的确确证明了这个隐藏目标的存在。而意识到这一点后，我就可以开始自我调整，摆脱这个隐藏目标了。我怀疑这种情况并不罕见（不论是对男性还是女性而言）。研究表明，虽然男性要比女性健谈，但人们通常还是认为女性话更多。[4]其中一个解释是，很多人在潜意识里就带有一定的偏见，不由自主地想去听男性要说的话，而把女性要说的话视为无关痛痒的干扰因素。

简单来说，我们每个人都有着无意识心理目标和其他隐藏力量，影响着我们的选择和行动。我们很容易接受他人身上存在这样的情况，因为身边有太多的例子。但鉴于每个人都拥有相同的大脑构造，我们同样也应该接受自己身上存在相同的情况。

在探讨价值观的本质之前，我想先回应一下一些读者朋友可能会有的疑问。你可能担心把人类等同于目标追求生物的论断太过绝对，简直就是"A型人格"的做法。因为拥有A型特质的人通常都是以目标为导向、追求效率的工作狂，最喜欢和时间赛跑。他们对目标的执着和对成果以及"完成任务"的执着一般无二。坦白说，我有时也会被扣上A型人格的帽子。或许我这本书就是写给像我一样的人的！但实话讲，我觉得不是。只有我们的目标受到类似限制的时候，我们对追求目标本能的理解才会同样局限于此。目标代表了我们期望的事物状态，所以不属于A型特质范畴的各种事物也能囊括其中。你的目标可能是花更多时间享受当下，把工作放到一旁，与朋友一起放松身心，或者就是想让自己的A型特质少一点儿。

价值观：
一种特殊的
目标类型

目标是我们期望的事物状态，是我们行动的指南，也是判断行动成功与否的标准。当两个目标发生冲突时，实现其中一个就意味着要牺牲另一个。那么，面对冲突，我们应该怎么办呢？总的来说，一旦确定了目标并且认识到了冲突的存在，我们就需要对目标的优先级进行排序，并做出一定妥协。还是用买鞋来举例：除非我运气好，否则我就得弄清楚自己愿意牺牲多少舒适度，来换取外观的可爱和价格的低廉，反之亦然。或者再想想午饭吃什么的问题。我希望吃到健康、美味又方便的食物，但对我来说，美味和健康从来都不可兼得。作为一个爱吃芝士蛋糕和巧克力的糖尿病患者，生活实在太不容易了！我通常选择将健康置于首位，然后在这个限度内选择最美味的食物。而有时候，我也会将美味放在首位，健康的优先级则会被明显降低。但无论哪种方式，我都需要做出妥协，针对不同的场景做出不同的妥协。

即便是简单的购物吃饭，要确定目标优先级和做出妥协也可能困难重重。掉到过网络购物这个无底洞里的人，想必都深有体会。而在更为复杂的情境之中，目标的重要程度更高，影响力也更大，处理起来就更为棘手。面对事业与家庭、信仰与政治、工作与娱乐这样的大冲突时，我们甚至可能连自己的主目标和子目标是什么都分不清。在这些宏大重要的目标面前，要确定目标优先级和做出妥协更是难上加难。面对购物、吃饭这类问题的时候，我们至少还有一个出发点：想要买双鞋，或者想吃东西。但面对重大冲突，我们甚至常常不确定自己想要什么。

为此，我们需要一个出发点，而在我看来，这个出发点就是我们的价值观。价值观是我们最重要的目标，能告诉我们应该把哪一个目标置于首位，告诉我们做出妥协时应该注意哪些方面，从而在化解目标冲突上助我们一臂之力。

价值观是什么？为了解答这个问题，我们不妨先想想重视的含义。如果你和我一样，那你多半也重视友情。那重视某样事物都包括什么呢？简单来说，包括了对这件事物的欲望、情绪和判断。重视友情表明我想常伴好友身旁，和他们在一起会开心，不在一起会难过。我会认为友情是幸福人生的重要组成部分，应该在规划生活时给友情留出空间。如果一个人真心重视一样东西，欲望、情绪和判断这三要素便缺一不可。如果某个朋友嘴上说友情对她非常重要，可从来不给我们打电话，也从来没空跟我们一起玩，那我们会有什么感受？又或者，这位朋友喜欢和大家一起玩，但转头又说这是浪费时间，她应该把这些时间花在工作上，那我们又会有什么感受？很显然，这两类人对重视的理解都失之偏颇。正常情况下，重视某样事物，会同时调动我们对生活幸福必需之物的欲望、情绪和判断，或者说协调这三者关系。

价值观同时也是终极目标，而非工具手段。我们将一些事物视为价值观，比如友情、安全、有意义的工作、同情心，很可能是出于我们对这些事物本身的渴求，而非另有所图。我先生出门时会顺手扔垃圾，还会帮我修自行车胎，对此我十分感激，但我并不会把我们的夫妻关系仅仅看作是扔垃圾和修自行车的一种手段。如果你重视家庭，那就不可能只是因为家人会为你庆祝生日，为你准备感恩节晚餐而认为他们重要，你之所以认为他们重要，是因为你的一些欲望、情绪和判断与他们直接相关，而不是因为他们能为你做某些事。

所以说，价值观是协调我们欲望、情绪和判断的终极目标。因为价值观很重要，同时融入了我们的心理过程，所以它们通常相对稳定。当然，这虽然不意味我们永远无法改变自己的价值观，但它们也确实没法说改就改：这是因为大多数价值观都需要一定的坚持，才能为我们开花结果。比如，要拥有一段伟大的友谊，我们就必然要耗费一定的时间和心力。许多有意义的事情，比如音乐、体育和艺术，都需要我们日积月累地磨炼技艺，才能欣赏它们的真正价值。

需要注意的是，终极价值观和手段性目标并非总是泾渭分明，而是类似一种连续体。不过，我们还是可以找到一些典型案例来说明二者的区别。比如，购物就是一种手段性目标。我们通常并不会因为鞋子本身而想要买鞋，而是为了实现外观好看、穿着合脚、引人注意、舒适轻便、跳舞不受伤等种种目的。追求财富也是典型的手段性目标。除非你是守财奴，否则你也不会为了赚钱而赚钱；钱的真正意义在于它能买到的东西。而在连续体的另一端，与所爱之人的关系则是典型的终极价值观。父母重视自己的子女，并不是因为子女能为他们做什么，而是因为他们重视子女本身的价值。健康则位于中间地带。比如有些人只是把健康当作手段，拥有健康的身体，可以让他们去做其他的事情。但大部分人除了关心这一点，更看重的还是健康本身的价值。

即便两者之间不存在明确的分界线，我们也可以通过一些体系将它们联系起来。试着把你的所有目标，从最重要的价值观到最微不足道的欲望，汇聚成一张网或者网络。其中有一些网结十分坚固，支撑着整张网的其他部分。对很多人来说，家庭就是这样一种价值观，包括了渴望、情感和想法，同时也赋予了许多其他行为的意义。如果你去掉了其中一个重要的网结，很多与之相关的事情便会受到影响。比如，如果我不再关心家庭，那我的生活必定发生翻天覆地的变化，最终我可能连自己都认不出来了。还有一些网结较为松散，和其他目标的联系也不甚紧密。比如我想要找到一双适合参加婚礼穿的鞋就是一个很好的例子。我想要找的鞋子，跟我不想脚痛、想要漂亮这两个目标略有关联，但我就此放弃，不去找这样一双鞋，生活也不会受到什么影响。

如果你觉得这个比喻对你有所帮助，不妨将理解重要事物的过程当作一场理解价值观和目标，以及欲望、情绪和判断之网的探索之旅：其中的网结都有哪些，是什么让它们相互关联，影响它们相互团结的威胁因素又是什么。不同的隐喻会引起不同群体的共鸣，对于擅长园艺的人来说，不妨将这个过程当作探索自己内心花园的旅程：你花园里都有哪些植物，从美学和植物学意义上相互搭配得如何，能让花园化为一片荒芜的威胁因素有哪些。

价值观是相对稳定、重要且终极的目标，包括了我们的欲望、情绪和判断。正因如此，它们塑造了我们的生活方式和自我认知，是我们反思生活时所考虑的核心内容。如果你此刻停下来思考自己的生活是好是坏，很可能会发现这时想到了内心深处最关心的一些事情，比如"孩子身体健康，我也热爱工作，所以一切都很好"，或者"虽然工作让我筋疲力尽，但是我依然拥有健康的身体，身边还有一群关心爱护我的朋友；总的来说，我的生活还算不错"。这些我们熟悉的生活评估都是以家庭、工作、健康和友情这些价值观作为衡量生活质量好坏的标准。

我们拥有的
是正确的价值观吗？

既然我们已经知道了什么是价值观，我们可以再问自己一遍这个问题：价值观为什么重要？其实答案很简单，因为"就是重要"。正如前文中给出的定义，价值观是对我们而言重要的目标。但这个定义会引出一个更为深刻的哲学问题，那就是我们怎么知道对我们而言重要的事物是真的重要？我们怎么知道自己拥有正确的价值观？价值观难道不应该是本身就很好的东西，而非我们恰好重视的东西吗？事实上，这个是哲学家应该告诉我们的事情吗？

为了回应这个挑战，请让我先问大家这样一个问题：如果我告诉你什么重要，你会信吗？如果我说"生活中真正重要的是将生命奉献给哲学教学"，或者"生活中最有价值的事情是长久的婚姻和狗狗的陪伴"，那些拥有和我不同生活轨迹的人完全有理由告诉我："谢谢，你还是别说了。"因为这些价值观太过个人化，并不具有普适性。但如果我说"生活中重要的是证明你比其他人更优秀"，或者"生活中最有价值的事情是为自己积累尽可能多的财富"，我想也没人会相信我。不过，原因并不是这些回答太个人化，而是它们本身就是错误的。那么，我要给出什么样的答案，你才会欣然接受呢？肯定得是那种你认为言之有理的答案，也就是说——想不到吧！——它们必须契合你已经拥有的价值观。

巨蟒剧团曾在1983年拍摄过一部电影，名叫《生命的意义》（The Meaning of Life，又名《人生七部曲》）。在影片中，迈克尔·帕林饰演的角色打开了那个装有全片答案的信封，并向观众宣读道："其实也没什么特别的，就是尽量对别人好，别摄入太多脂肪，时不时读本好书，再多散散步，努力跟不同信仰与国籍的人和平相处。"这段话有趣之处在于，虽然它看似普普通通，实则蕴含着深刻的含义。善待他人，关注健康，从事有趣和富有意义的活动，还有和睦相处。这不就是幸福人生的全部吗？

我在这里想要表达的是，我们要树立价值观，只能从那些对我们而言很重要的事物开始。如果现在有一种关于幸福生活的古怪新理论，但跟你看重的东西毫不相干，那我再怎么劝你，你也不会接受。如果我给你建议的东西在你看来毫无意义，甚至大有害处，那我就是说到天花乱坠，你也不会相信。我们必须以自身的关心、在意、看重的事物为出发点。当然，这并不代表凡是你认为重要的事物就一定是正确的。我们要从自身出发，但也要一路不断优化自己的价值观。

我们是否拥有正确价值观这个大问题，实际上包含两个小问题。一个是我们的价值观是否契合一些客观普遍的价值观，比如正义、尊严以及最大的幸福这些道德价值观。这无疑是一个重要的哲学问题，但不是本书要探讨的主要话题。

另一个问题是结合我们的背景和性格来看，我们是否拥有适合自己的正确价值观。这才是本书的核心话题。我们将在后文中看到，并非你拥有的所有目标和价值观都是最适合的。我们拥有的家庭、工作、健康和友情价值观不太可能都有错误的，但这些基本的普遍价值观存在多种不同的解读方式和优先级排序方式。我们可以在如何成功实现价值观，如何做出决定去追求价值观，如何对价值观的优先级进行排序这些问题上做出优化。事实是，我们即使不主动优化，遇到冲突后也得被迫去做。

我们已经对第二个问题（更适合我们的价值观），什么才是更好或不太好的价值观有了一定了解。首先，某些价值观的心理和谐性更强，和我们的个性联系更紧密，也更符合我们的人性。内在冲突是实现这些价值观需要克服的障碍，这也间接说明了它们是更适合我们的价值观。其次，某些价值观能更好地契合在一起。更适合我们的价值观和目标是可以通过某种令人满意的方式共同实现的。

当然，有些人可能从自身出发，最后却到不了理想的目的地。我们会在后续章节谈到激进选择时再考虑这种可能性。如果是第一个问题的情况，有些人可能从自身出发，最后会陷入在道德价值观视角上十分不妙的境地。虽然这并非本书探讨的主要话题，但我们还是会在第八章中讨论道德价值观的问题。

现在，让我们暂且将这些忧虑放到一边，将注意力放到如何调整我们的目标以解决冲突，让我们的生活更加美好这个问题上。在此之前，我们需要先了解我们的价值观和目标都是什么。

Chapter 3

我们的
价值观是什么
……
价值观应该是
什么样的？

我们应该都知道自己有哪些价值观，对吧？我一直在对亲情、友情、哲学、健康、幸福、成为善良的人这些我所拥有的价值观侃侃而谈，就好像这些价值观是显而易见、一成不变一样。然而，无数伟大的文学作品以及近期海量的心理学研究都表明，我们可能并没有那么了解自己的价值观和目标。[1]回想一下，在简·奥斯汀的《傲慢与偏见》中，伊丽莎白·班奈特花了很长时间才最终意识到自己爱上了达西先生。就在她严词拒绝达西先生的求婚后不久，伊丽莎白大声叫道："我的所作所为多么可悲！""我还一向自负有知人之明……真是太荒唐可笑了！……直到现在我才算有点自知之明。"[2]只有在达西先生离开之后，她才意识到自己梦寐以求的灵魂伴侣原来一直近在眼前。

尽管我们普遍对了解自己有哪些价值观颇为自信，但想必大家都对如下情形并不陌生。只有失去一样东西的时候，我们才会突然发现它有多么重要。（正如那首歌中唱到的，"只有在失去的时候，才知曾经拥有"。[3]）如果我们真对自己的价值观了如指掌，这话就不会那么直击人心了。在一些特定情况下，我们知道对自己重要的事物有哪些，比如碰上"你的价值观是什么"调查问卷上那些模糊笼统的术语时，我们知道该怎么选。但换另外一种情况，我们就会不时感叹自己多么无知：因为我们并不总是完全清楚对自己重要的事物是什么，以及在哪些方面重要和有多么重要。

前面提到的隐藏目标无处不在，是我们无法完全认识自身价值观的原因之一。有一些事情虽然不是我们有意识关注的焦点，但大脑还是会将其视为值得追求的目标，我们的身体也会不自觉地为此做出行动。象征注意力的手电筒无法同时照亮所有的目标。同时，对自身目标的认识程度也会因人而异。接受心理咨询或职业规划指导的人可能会十分清楚自己的目标，而其他人则可能没有做过太多思考，对目标只有一个模糊的概念。本章会对这两类人的情况都有所讨论。如果平时经常反思自己的目标，你可能已经知道了认识目标是一个持续的过程。但如果是另一种情况，那你很可能已经亲身体会了价值观冲突带来的后果，（我希望）你能借此机会认识确认对你而言最重要的事物在应对冲突上的功效。

任何一个人（即使是那些善于反思的人）的价值观都不是已经提前设置好，放在大脑里等人发现。相反，我们时常得过且过，对真正关心的事物只有大致的印象，对如何取得成功也只有模糊的概念。而这些未经定义的普遍价值观——工作、家庭、友情、艺术、创造力、体育运动等——要由每个人自行解读。什么样的工作？什么意义上的家庭？和谁交朋友？是欣赏音乐还是演奏音乐？团队运动还是个人运动？什么方面的创造力？对这些问题的不同回答，决定了这些价值观的实现难度。正如我在"阅读路线图"中所讲述的那样，弄清楚什么东西对我们来说重要、在什么方面重要，以及有多么重要，既是认识价值观的过程，也是改善价值观的过程。

为什么我们需要更加深刻地理解我们的价值观和目标？为什么不能得过且过呢？因为得过且过只在一定程度上行得通，碰上目标冲突、危机或问题时就彻底失效了。面对挑战，深入了解我们的价值观和目标将会有所助益。[4] 如果认识得足够深入，我们就能明白选择背后存在何种利害关系。一旦做到了这一点，我们就可以优化自己的目标和价值观体系，以期在更大程度上实现它们。那么，我们应该如何做到这一点呢？下面是一些建议：

认识和改善价值观和目标的五大策略

1. 自我反省

2. 小白鼠策略

3. 引导式反思

4. 通过他人认识自己

5. 探索

深入讨论之前，我想先对这个过程中可能出现的误解做出一点儿澄清：弄清楚对自己重要的事物并非简单的自我沉思。思考什么对自己重要和为什么重要时，你不仅需要考虑自己，还需要考虑这些价值观。举个例子，如果我反思"工作"对我的意义，那我会思考这是一份什么样的工作，实际内容包含些什么。这一点在我们接下来要讨论的第五个策略时表现最为明显，但即便是在简单的自我反省中，我们对自身价值观的认知也会受到对这些价值观本身看法的影响。此外，仅凭思考我们还无法确定对自己重要的事物，而是需要去实践、感受、回应、从经验中学习。如果只思考不行动，我们就无法从反思中得到正确答案。

自我反省

最基本的自我反省只需要一个简单的问题：我最看重什么？这是一个不错的开端，我们可以结合一些思维实验展开进一步思考。比如你可以试想一下，如果家中失火，你又必须迅速逃生，在这千钧一发之际，你会选择带走什么。假设我先生能自己跑出去，那我会选择带上狗、笔记本电脑、几本家庭相册，还有一些祖母留下的家传珠宝。确保人和动物都安全后，接下来我们要考虑的就是可以随身携带的（小体积）物品。不过请注意，我们带走的很可能都是一些具有独特审美品位或额外价值的东西。我的工作文件全都在笔记本电脑里；相册和祖母的珠宝代表着与家人和朋友的联系。

　　还有一个思维实验可以引导我们找到自己的价值观。假想一下，如果你要搬家，而且可以搬到任何地方，那你会优先考虑哪些东西。如果是我，我会考虑新的住所要不要离亲朋好友近一点儿，附近的政治氛围如何，工作机会多不多，是否有远足、骑行和漫步的机会，以及我觉得自己在那里会不会住得开心。这些因素很好地反映了我的价值观。事实上，绝大多数人的价值观都会包括家庭、友情、健康、工作、幸福。而信仰、音乐、体育运动和志愿活动也是大多数人的价值观。

　　这些都是我们重视践行、拥有和追求的价值观。除此之外，我们还重视个人品德。绝大多数人都重视诚实和善良，或者哪怕只是重视"做个好人"。人们还重视自发性、创造力、正直、坚韧、做个有趣的人等品质。针对个人品德，最合适的思维实验可能是思考一下如果你的意识被转移到另一具身体中，你会保留哪些品质！如果我被医生告知只有转移意识才能活下去，那在现有的个性品质中，我最想转移哪些？或者换一种问法，如果可以对转移者的个性特征进行设置的话，我会想改变哪些品质？就我个人而言，我会希望拥有新身体后依然具有正直的品格和幽默感，但不介意医生去掉我遇事容易焦虑的毛病。

我们可以通过类似的思维实验在认识自身价值观上取得一些进展，但自我反省的策略也有局限性。其中一个问题在于，当我们坐下来思考时，联想到的事物（情绪、记忆、想法、欲望等）在数量上远远超出了大脑工作记忆所能承载的极限。同时，我们还存在一些偏见和自我保护的习惯，干扰我们看清目标和价值观的过程。[5] 即使是简单的购物情境也存在这个问题。我希望自己更注重脚的健康而不是鞋的外观，但过去的买鞋经历表明，这种期望可能并不完全准确，比如我曾经就单纯因为觉得好看或者打折而买过不太舒适的鞋。如果我只是通过自我反省的话，思考"我对买一双鞋的优先考虑因素有哪些"，会得出舒适度排在首位的结论。自我反省的策略可能更适合说明我想成为什么样的人，而非我实际是什么样的人。

再来看另一个例子。我一直觉得自己不是那种好胜心强的人。不仅如此，和我先生比起来，我的好胜心要弱一些，所以我也更容易认为自己是那种不在乎输赢的人。有一次，我在打扑克时故意放弃了一手好牌，想让刚学会怎么玩的那个朋友赢。因为要是他一直输的话，我心里多少会有点儿过意不去。我一般会尽量避免参加对抗性游戏，所以和团队运动相比，我更喜欢个人运动。这些细节共同构成了我不在乎胜负的个人叙事。然而，近来我却遇到了一些和这个叙事逻辑不符的经历。其中最能说明问题的一次，发生在新朋友的家里。当时他们提议一起玩个游戏。"也行啊，"我说，"不过我不是很有好胜心哦。"他们听了，放声大笑起来。很显然，他们认为我在开玩笑。这次经历以及与之类似的几次经历，让我对个人叙事中的一些细节有了新的认识。也许我避免参加对抗性的游戏不是因为不喜欢，而是因为怕输。也许我这么多年翻来覆去地谈论我在打扑克时故意让别人赢，是因为我其实很在意自己输了那一把。

自我反省实际上只能揭示我们价值观的冰山一角，我的好胜心就曾经被长期自我灌输的说辞和对塑造自身形象的渴望一手掩盖。因此，这种策略存在至少两个问题：第一，有太多我们无法有意识关注到的事物；第二，自我保护的习惯会妨碍我们认清现实。

如果自我反省的策略在这些方面存在限制，那除了反思价值观，我们还能做些什么呢？

小白鼠策略

想要了解某个动物的目标层级，我们会观察它的行为以及对环境的反应，同时思考我们对其本性（比如它的进化过程）的了解。你如果养宠物，可能对这种观察方式并不陌生。你的狗开心吗？她是否喜欢吃你给的食物？是否对出门散步感到兴奋？是否因为害怕躲了起来，在房间里乱拉乱尿？根据你对狗的了解，她的需求是否得到满足？和狗比起来，人的目标层次要复杂得多，但人同样是动物，也确实在进化过程中形成了一些特定的需求。因此，这是一种非常有用的视角。

如果我们是在研究老鼠，首先要了解老鼠的一般信息，即它们的基本需求、兴趣和能力。当研究对象是我们自己时，这同样是一个不错的出发点。有一些目标对人类来说实在太过基本，绝大多数人都无力抵抗。早在我们成长到有能力思考自己的价值观之前，这些基本目标就已经成了价值观网络上的关键网结。我们从自身经历中认识了最基本的价值观。比如，我们怎么知道吃饱穿暖对我们而言是有益的事情呢？因为我们喜欢吃东西时的感觉，喜欢有衣物保暖御寒时的感受。又比如，看到爸爸妈妈时，我们会感到幸福。这些事情是我们对价值观的早期体验。重视某种事物，一定程度上就是想要得到它，并对其产生积极正面的感觉。因此，我们在了解哪些事物可以带来愉悦感受时，就是在塑造自己的价值观。婴幼儿时期的我们知道了有安全感是一件好事：有衣物包裹，身体干燥清爽，还有小肚子吃得鼓鼓的，都是好事。我们还认识到有一些人在身边也是一件好事，因为他们不仅会带来我们需要的东西，也能让我们感到温暖和安心。我们还发现，探索也是一件有趣的事：接触新事物的感觉真的很奇妙，把新东西放嘴里尝尝也会让人心情愉悦。随着尝试的事情越来越多，我们体会到了自主行动和取得成功的喜悦。你第一次真正够到床头的摇铃时，多振奋人心啊！因此，在有能力思考自己的价值观之前，我们的价值观之网就已经由与他人建立联系、自主、能力、安全、探索这些基本网结连接成形了。

说起基本需求，一些人可能会联想到马斯洛的需求层次理论。[6]亚伯拉罕·马斯洛是美国一位心理学家，提出了从基本生理需求，如空气、水和食物，到较高层次"自我实现"需求的一系列需求。在这两端之外，马斯洛还提出了安全、归属和尊重三个依次递进的需求。他的观点是，人类必须首先满足较低层次的需求，然后才能考虑满足较高层次的需求。这种说法很有道理。毕竟，如果一个人都快要渴死了，哪里还顾得上去想怎么发挥自己的全部潜力。这一点在我们思考如何帮助他人时格外重要。一个秉持公正、充满同情的社会首先应该解决的问题，就是那些为了解决家人温饱而苦苦挣扎的问题，为了获得安全住所日夜发愁的人所面临的困境。然而，当我们试图弄清楚自己都有哪些价值观时，马斯洛的需求层次理论可能并不会起到多大帮助。对我来说，我发现自己的价值观体系超出了这个需求层次的框架范围，其中较低层次的目标与较高层次的目标交织到了一起。例如，友情和亲情（中间层次）为我提供了安全感（较低层次），同时也让我有机会充分发挥作为一位称职的朋友或贴心的女儿（最高层次）的全部潜力。

相反，我认为考虑我们在进化中形成的需求是非常有益的。不管我们是否意识到这些需求的存在，它们都能引导我们确定一些几乎可以肯定的目标。许多研究幸福和美满的心理学家，都提出了包括人际关系、自主、能力、安全、探索、活力和愉悦在内的基本需求。[7]但它们之所以"基本"，并不是因为处于目标层级结构的底端，而是因为它们是长期存在的目标，几乎每个人身上都有。如果从目标追求生物进化的角度来看待自身发展，如同第二章中讨论的那样，这也就不难理解了。既然我们是具备自我调节能力、有追求目标的生物，自然就会有探索世界、寻求安全、建立人际关系的基本心理动机。因此，我们对自主的基本需求是合乎情理的，自主意味着我们具备掌控生活的能力，能让我们探索世界，并确定可能帮助我们实现目标的行动。同样，我们对能力的需求，即完成我们想要做的事情所需的技能，也是合情合理的。总之，人类的基本需求与动机之间存在诸多重叠和相似之处。

随着我们逐渐长大，具备了思考能力，这些基本动机也会变得更具体。同时，我们会在这个过程增加一层判断，使得我们想要和热爱的事物同时也能够成为我们选择、计划、认为对我们有益的事物。探索的需求会转化成学习新语言的兴趣，安全的需求会转化成渴望拥有一座属于自己的房子和花园，建立人际关系的需求则会转化成对朋友的深厚情感，等等。

因此，通过深入了解人类的特性，我们能够更全面地认识自己的价值观体系。这种视角不仅有助于明确自己的价值观，还有助于我们辨认冲突，看清我们还对哪些部分缺乏理解。当我们设定的目标妨碍了那些强烈、持久的欲望时，比如同他人建立关系、做出独立决定、发挥自己的技能、学习新知识、感受愉悦等，目标之间就会发生重大冲突。例如，认识到建立人际关系的内在重要性，可以帮我们理解接受一份薪酬更高但离朋友更远的工作意味着什么。同时，理解人类基本需求对新奇和探索的渴望，也有助于我们更全面地看待因为疫情防控期间无法出门而付出的代价。

然而，仅仅以此来确定价值观还远远不够。因为对于由人类天性决定的普遍价值观，每个人都有自己独特的诠释方式。因此，当我们像研究小白鼠一样研究自己时，要知道的第二件事是每个人的生活方式都是独一无二的。人类基本需求在你的生活或者我的生活中会呈现出怎样的特点？你是如何关心人际关系的？像"人际关系"这样的抽象价值观往往会伴随一些更具体的价值观一起出现，而这些具体价值观赋予了抽象价值观更为明确的内涵。重视友谊意味着重视某些特定的朋友。重视家庭意味着重视与某些特定家庭成员的关系。重视成功意味着重视在某一具体活动上的成果。要知道如何实现价值观，我们必须更加具体地了解自己的价值观，如何为不同价值观设定优先级，了解隐藏在它们背后的各种目标和动机，了解冲突的症结在哪儿。简言之，我们需要了解的不仅仅是我们作为人类的客观现实。

　　要了解小白鼠之间的个体差异，我们就得观察它们的行为，了解它们对环境的反应。要了解人之间的个体差异，也是同理。我们可以尝试从外部视角观察我们对当前价值观追求方式的反应。根据我的个人经验，如果我被生活中的冲突压得喘不过气来的身体就会出现感冒、胃酸反流、头痛等症状。这是一个已知的生理学现象：压力导致的身体疾病。[8]压力还可能引发"神秘负面情绪"（这是我从心理学研究中学到的最佳词语之一），从而提示我们存在导致身体亚健康的隐藏目标。[9]简单来说，压力会使人情绪低落，进而表明我们的价值观可能并不合适。疲劳则是经验在告诉我们价值观体系存在问题的另一种迹象。感到疲劳通常表明我们把过多精力投入了某个目标之中，比如工作、育儿或照顾老人，而忽视了生活的其他方面。如果你通过一种不可持续、不符合自身个性或与其他目标不协调的方式诠释价值观，即使身体没有不适，也可能会感到疲劳。

疾病和疲劳是现实向我们传达价值观不再适用的两种方式。无聊和心流则是另外两种。我在指导大学生时学到的一点是要关注无聊。这种令人不悦的情绪通常伴随无法集中注意力和缺少兴趣一起出现。如果做某事时你思绪不定或者昏昏欲睡，那么这件事很可能不是你的热情所在。当然，绝大多数人都不得不做一些无聊的事，但要试图找出我们真正重视的事物，无聊确实是一条表明我们还要继续努力的上好线索。

我认为，无聊是我们的价值观网络及其实现程度的重要证据，会阻碍目标的实现，因为无聊在本质上就是动力的匮乏。举一个老生常谈的例子，想一想最后一本你觉得无聊的书。我一直（至少到最近）都认为看书要有始有终，所以被迫读了很多乏味的书，但这种书读起来很费时，妨碍了我阅读其他我更喜欢的书。无聊还动摇了我们对价值观的信心，因为它并不能很好地解释我们为何会重视那些事物。对于我们做的许多事来说，光是"我很享受"就足以成为去做的充分理由。为什么你会学烘焙、做园艺、玩填字游戏、制作泡菜、打台球、参加十公里跑呢？我很享受、有参与感和十分有趣都是不错的回答。但"因为无聊"根本算不上答案。

当然，无聊也不是一无是处，比如有些研究人员认为无聊其实具有重要的价值。最近某流行心理学杂志上有一篇文章，就鼓励读者要"拥抱无聊"。[10] 理由是无聊为天马行空的想象提供了空间，还能激励我们追求新目标。我承认这种感觉确实有一些好处，但如果深入思考一下，我们就会发现"拥抱无聊"从来都不是一条正确的建议。认为无聊有意义的观点，都是在谈论它的实用价值，而非它本身的价值。毫无疑问，无聊的活动当然可能具有实用价值，比如阅读乏味的书是我探索未知领域的唯一途径。而批改学生试卷尽管乏味，但对了解学生的学习情况（以及保住我的工作）具有实用价值。可是，这并不意味着无聊本身是有益的体验。如果无聊为发挥创造力留出了空间，那么有益的是创造力，而非无聊。如果无聊能激励我们寻找新目标，那是因为它令人反感，所以我们才找不无聊的事情做。

也许我们应该"拥抱无聊"的真正原因，是它可以让大脑从过量的信息流中得到短暂的休息，从而改善心理健康。放下手机几分钟，体验一下不受各类刺激持续影响的生活，对我们会很有益，但（再次强调）并不是因为无聊的价值。把手上的电子设备放到一边时可能会感到无聊，是因为我们习惯了注意力不集中，没有养成保持专注的技能。而拥抱无聊的关键是忍受它，以便之后能拥有更加宁静平和的心态。古希腊的斯多葛派曾提出过"心神安定"（ataraxia）的概念，但这种状态给人带来的是愉悦感，不是无聊。

如果无法带来额外的好处（创造力、新目标、宁静），那无聊就只会让人痛苦。因此，如果你发现某事很无聊，那除非它还有别的优点，否则就不是终极价值观的好选择。对于无聊的正确建议，不应该是"拥抱无聊"，而是要"从中有所收获"。[11]

心流的体验提供了另一个层面的证据。所谓心流，就是全神贯注地干一件事，以至于忘掉了时间。这是"全身心投入某事中时产生的一种状态，通常是具有挑战性并且我们可以做好的事情……几乎是无聊的反面"。根据哲学家和心理学家的说法，心流是幸福心理的重要组成部分。[12]如果一时间想不起来有哪些事情能够为你带来心流，心理学家会建议你想一想，如果三十分钟内你就要停下手头的工作，到另一个地方去，此时你最不想开始做的事情是什么。[13]对我来说，这件事情通常是写作。在写作上，我希望有很长一段不受打扰的时间，可以沉浸其中，感受心流。而回复工作邮件则是我愿意在看牙医和小憩的间隙内花时间做的事情。

心流虽然美妙，但我们不能一直陷于其中，不然会忘记吃饭！因此，我们不应该把其他积极情绪的重要性抛诸脑后，比如愉悦或者通过允许自己感到无聊而最终体验到的内心宁静。[14]所有这些积极情绪之所以能成为关于我们最佳价值观的重要线索，都是出于同一个原因。如果某些活动常常让你感受到心流、愉悦或宁静，那么它们很可能就是最佳价值观的优选。一方面，这是因为我们重视自身幸福，希望获得愉悦的心情。另一方面，积极情绪是构成最佳价值观的重要基石。我们的总体目标是找到可以把欲望、情绪和判断统一起来、不会产生冲突的价值观，所以要特别关注那些带来心流、愉悦、宁静还有其他积极情绪的事物。

把自己当成小白鼠一样观察研究，是一条帮助你了解自身情绪构成的良策，尤其是当一些情绪和动机与你掌握的自我认知不完全一致时，这条策略会显得更为重要。或许你自以为对伟大文学作品具有高雅的欣赏和品位，但你读陀思妥耶夫斯基只会哈欠连天，而看言情小说却满心欢喜时，就需要思考一下你是不是真的热爱文学了。往大了说，一旦你了解了自己真正喜欢的是什么，那你原本那种认为欣赏艺术很重要的模糊认识才能变得清晰起来。

这也是一个便于我们观察自己可能在平时刻意反思过多的好角度。要了解小白鼠会做什么，就必须让它去做。要了解自己的情绪构成，尤其是这些情绪和动机与你对自己的认知存在出入时，也需要为它们留出空间，使其能够自然流露。如果你总是在不断地自我审视，便很难让真正值得审视的事物浮出水面。

引导式反思

　　第二种可替代简单自我反省的策略，源自目标追求的心理学。这种方法对于揭示我们刚才讨论的隐藏情绪和动机尤为有益。研究目标追求的心理学家发现，人们通常存在有意识动机和无意识动机，但二者并不总是一致。为了保持两者之间的一致性，心理学家建议我们运用想象力来构想理想的未来。这一观点认为，想象力更容易触及隐藏的动机，因为它不会要求用明确的语言来形容一个人的目标。我们可以为这些想象力练习提供一些框架。除了泛泛地幻想"你的理想未来"，我们还可以通过一些具体提示来引导自己。举个例子，想象一下你喜欢哪些活动，想建立什么样的人际关系，或者希望自己的职业生涯朝哪个方向发展，还有你欣赏他人身上的哪些品质，想获得哪些技能，以及你理想的家庭生活会是什么样。[15]

　　通过简单的自我反省当然也可以获得明确的口头答案，但这些练习更重要的是可以用来激发我们的想象力。你可以让具备自我反思和问题解决能力的大脑放松下来，尝试设想那些并不一定实际存在的理想情境。或者可以在睡觉、散步或泡澡之前，把这些问题先留在脑海里，然后看看你不去刻意琢磨它们时，会冒出什么新灵感。我曾经在一位职业规划师的指导下进行过想象力练习，结果想象到的是抬头看到了一块印着我名字的广告牌。她问上面有什么。我说有一片蓝蓝的天空，一张大大的笑脸表情，还有一行大字标题：提比略有关幸福的开创性著作。这能告诉我什么？一方面，我认识到自己的想象力在设计美学上还有些肤浅——蓝天和黄色笑脸实在毫无新意！但更重要的是，我了解到了自己有多热爱写作，多想为思想的世界做出贡献。那时候，我的大部分精力都被系主任的行政职务占据了，但通过这个练习，我重新意识到了我实际上到底在意工作中的哪一部分。这个提醒很重要，让过于多愁善感、刻意反思的我——选择了管理职位的我——明白了我不能再压抑自己真正的兴趣所在。

这些调用想象力的方式，可以加深我们对自身目标的认知，甚至还可以发掘先前隐藏的目标。因此，引导式反思的策略有助于我们完善自己的价值观，因为最适合我们的价值观是那些能与我们有意识和无意识动机相协调的目标。

通过他人
认识自己

第三种可替代自我反省的策略，是通过他人来了解我们的价值观和目标。我们身边都有那种会告诉你牙齿上有菜叶的人。很多人还十分幸运，能有一些可靠的朋友，在你做什么让自己痛苦的事或者没做什么让自己开心的事时直言相告。

我们不能只依赖自身经验来学习万事万物的道理。这一点在我们认识世界的过程中显而易见，几乎无须我多言。比如我对世界的绝大部分认识，就都是从一些可靠来源那里获得的。同样的道理也适用于价值观。年幼时，我们从父母和老师那里学习各式各样新奇有趣的技能。没有他们的帮助，我们自己肯定学不会手指画、编织、体操、游泳或烘焙等技能，也不会懂得对人要有礼貌和善待兄弟姐妹的道理。成年后，我们则可以从其他旅行者那里了解去某国游玩的感受，从运动员那里了解某项体育运动的难度，从音乐老师那里了解要弹一手好钢琴需要的练习量等。他人的经验可以帮我们认识到自己应该重视什么，明白真正让我们感到快乐、兴奋和宁静的事物是什么，并且纳入我们的计划当中。如果只依靠自身经验，那我们的选择范围就会受到极大限制，所以必须向他人学习，才能找到最适合自己的价值观。

不过，不太明显的一点是，我们其实还能够通过他人来认识自己。我们可以留意他人对我们言行做出的反应。这些反应，有时候是直接的观察和建议，比如我的朋友就曾指出我好像更关注男性；有时候则是身体上的反应，但并不是要告诉你什么，比如朋友们听到我说自己没有好胜心时爆发出的笑声。我们还能够借此了解影响我们对不同事物看法的外部力量。朋友可以提供不同的视角，帮助我们更好地认识自己。

深入研究自我认识的心理学家西米内·瓦齐尔认为，在认识自己的问题上，有些品质是我们自己就能发现的，而有些品质则是其他人的观察会更准确。[16] 具体来说，瓦齐尔的实验结果表明，我们更擅长认识内在的自我，比如自尊心水平；其他人则对我们身上那些可以通过外部标准评估的品质，比如智力水平，认识得更准确。瓦齐尔借助一种名为"电子激活录音仪"的工具，记录了受试者在日常生活中的言谈，然后将录音数据转换为研究重点关注的一些品质（例如自尊心和傲慢），最后同受试者的自我评价报告和他人观察报告进行比较。如果你直接让某个人评价自己，那对方的答案很可能会受到内心想要给他人留下某种特定印象的影响。也就是说，我们在向他人描述自己性格特征时，并不是最可靠的信息提供者。但是，电子激活录音仪的使用却能巧妙地绕开这个问题。当然，就本书的内容而言，这项研究最有趣的地方还在于，它证明了在自我认知这个问题上，其他人在某些方面可以作为很好的信息源，但在某些方面不行。比如，我是否更关注男性发言可能是一个其他人更容易观察到的事实，但哪些事可以让我获得心流体验则可能只有我自己才能发现。

当然，通过他人了解自己并不简单。如果瓦齐尔的结论正确，那么我们身上的确存在他人很难直接观察到的品质。而且还有别的原因需要考虑，比如其中一个就是，人们往往具有隐藏动机。有时朋友、恋人或家人看待我们的方式会受到他们自身需求、偏见和认知盲点的影响。比如，我先生总是说我好胜心不强，但我认为这主要是他在拿我跟他比。又比如，经济上要依赖你的伴侣，可能无法帮你深入了解你对自己那份高薪工作的重视程度究竟如何；父母可能总把你当孩子看，根本意识不到你已经有了怎样的变化；主管想让你继续做他的低薪助理，就说你肯定不会喜欢夜校的MBA课程。

因此，我们要想拥有正确的自我认知，就得往对的地方找。但这其实是很困难的。有时候，我们应该忽略谁的意见似乎显而易见，可大部分情况下并非如此。想要操纵我们的人，通常很擅长隐藏真正的动机，很擅长让我们相信他们是真的为我们着想。对于我这种容易在意他人看法的人来说，向错误的人寻求认可的风险是真实存在的。比如上大学时，我交往过的一个男生就特别擅长让我相信他的兴趣就是我的兴趣。直到有一次去看某部电影，我发现如果他不发表意见，我就根本无法确定自己是否喜欢那部电影时，才如梦初醒。每次回想起那段经历，我感到无地自容。但正如我所说的那样，他很擅长操控人心，我又过于在意他的意见——我提出异议的话他还会发脾气，更是加强了这种恶性循环——致使我在看电影时满脑子都是他会怎么看，根本没空去思考别的。

一种会让人从错误来源获取有关自我认知的信息或者寻求认可的有害力量，叫作内化压迫。比如，弱势群体可能会习惯那些压迫他们的社会规范，进而让他们无法真正认识到谁的意见才真正重要。马丁·路德·金的《伯明翰监狱来信》（1963年）中有一段话，可能是对内化压迫（在这个案例中是种族主义）最为深刻、简洁的阐释。他在信中写道：

当你试图向六岁的女儿解释她为什么不能去电视上刚刚宣传的那座公共游乐园时，你突然发现自己舌头打结，支支吾吾说不出话来。而当她得知游乐园不对有色儿童开放时，你看到她的眼泪夺眶而出，看到自卑的阴云慢慢笼罩了她小小的心灵。[17]

几年前，伊布拉姆·X. 肯迪用更为直接的方式挥笔写道："种族主义观念会让有色人群看轻自己，从而更容易受到这些观念的影响。"[18] 认为自己处于劣势地位的人，会觉得他人更有权威，因而也更容易听取错误之人的意见。如果你相信自己应该处于劣势地位，那你可能就会倾向于对处于优势地位的人言听计从，希望获得他们的认可。（当然，这并不是内化压迫带来的唯一问题。）

由于我们的价值观并不总是一目了然、定义明确，所以他人可以影响我们对自己价值观和目标的解读。举个例子，想象一下那些发现自己必须提供大量情感价值的女性，可能会在传达坏消息时为了避免激化冲突或伤害他人自尊而倍感压力。身处这类情形中的女性，常常会向那些能从她们的关心和付出中受益的人去寻求认可。男性同事赞赏某些女性温柔又顺从，似乎是对女性关爱价值观的认可，但女性真的重视以这种方式去顺从和关心他人吗？还是说我们更看重的是类似乐于助人的品质，一种可以换个角度去理解，并且不会让我们牺牲太多时间（也许还有自尊）的品质？

　　遗憾的是，要知道哪些人可信、哪些人不可信，并没有一蹴而就的简单途径。实际上，决定应该信任谁也是确认对我们重要之物是什么这个复杂过程的一部分。不过，尽管没有明确的"操作"指南为我们提供指导，但还是有一些经验法则可以参考。我们应该牢记自己最坚定和最可靠的价值观，并思考其他人试图影响我们价值观的动机。最重要的一点是，我们应该忽略那些试图让我们服从或者让我们认为自己低人一等之人的意见，因为他们无法帮助我们确定什么是最适合的价值观。拿不定主意时，我们还可以寻求第二或第三人的意见，比较不同朋友的意见，考虑各自可能存在的隐藏动机、认知盲点和偏见。多元化的意见往往能带来启发，会有助于我们认识自己的价值观。此外，我们还可以借助本章已经讨论过的其他策略：关注自己快乐和痛苦的情绪，运用想象力挖掘更深层次的自我认知。

尽管通过他人认识自己存在风险，但只要遵循这些经验，我们就可能会更好地敞开心扉，学习他人的智慧，而不是抑制自身的社交天性，做一个不会受伤的独行侠。当然，选择从错误的人那里了解自我的风险确实存在，但与之相对的是，我们也有可能会遇到一些出色的导师。拥有一个真正为你着想的朋友，一个对你足够了解，可以从外部视角看到你对不同价值观执着程度的人，会让你如有神助。我认识的大多数女性身边都有这样的朋友。比如，有一位朋友观察到，你在阅读俄国小说时会感到痛苦，是因为坚持了某种错误的文学成就感。或者另一位朋友发现，你曾多次表示想从事创意工作，便介绍你认识了一个教水彩绘画课程的朋友。还有你对换工作没有把握时，有个朋友提醒你要认真想想为什么要辞掉现在的工作。这些朋友如同黄金一般珍贵，我们应该留出充足的空间，从他们那里学习关于我们价值观的一切。

探索

虽然我在前面提到我们必须从现有的价值观出发，但这并不意味着我们不可以探索其他的可能性。探索对于弄清楚我们到底看重什么也很重要。只要我们的价值观还没有明确下来，还显得模糊不清，我们就需要了解一些让它们变得更加具体的方法。以"家庭"价值观为例。如果你在成长过程中被灌输的观念，一直都是一个家有两位父母、两三个孩子和一只狗，可你对结婚、生育或养宠物并不感兴趣，那么这个价值观就会让你困惑。你需要探索一下家庭还能有哪些其他含义：除《天才小麻烦》中塑造的美国模范夫妻沃德·克利弗和琼·克利弗这种模式之外，还有什么样的家庭同样能为我们提供价值？或者想一想工作。你可能认为自己的工作必须是你的激情所在（而不是为了实现收支平衡，以便在其他地方追求激情），也可能相信只有高薪工作才有价值，又或者觉得工作应该占据陪伴孩子之外的所有时间，但你对这些想法都只有一个模糊的认知。这些想法对一部分人来说可能还行得通，但不适用于每一个人。举个例子，有些人的激情所在可能无法用来换取金钱，那这类人可能就更适合找一份只是为了填饱肚子的工作。探索各种选择，了解人们看待家庭和工作等事物的不同方式，能帮我们更准确地找出这些价值观中对我们而言真正重要的部分。

探索对确认价值观的另一层重要性在于，可能有一些事物是我们应该重视但目前尚未关注到的。比如乌龟米莉森特如果尝试了黑莓，可能也会喜欢吃这个。或者我试着学了一下踢踏舞，发现自己很感兴趣。换言之，有些尚未纳入我们价值观体系的事物，同样符合我们的个性，并与其他价值观相契合，而进行探索，可以帮助我们找到这些事物。通常情况下，这些"新"的价值观实际上只是旧价值观的不同版本或者实现方式。也许对米莉森特来说，吃黑莓只是为了满足她填饱肚子的需求，也许对我来说，学踢踏舞只是为了保持身体健康。但在有些情况下，我们也可能发现真正意义上的全新价值观。

举个例子，娱乐活动。我前面说过，我接受管理职位后，担心自己无法应对压力，就去咨询了职业规划师。她问我："你平时都玩些什么？"一开始，我不明白她在说什么。玩？是指打扑克之类的事？但她解释说，就是指纯粹享受做某件事，不是为了完成任务清单，也不是为了让别人快乐，或者改善自身健康。听她这么一问，我心里立即生出了一种挫败感："我研究幸福，但自己却做得不对！"等到克服了这种感觉，我便开始思考，找不到生活中真正符合这一定义的事物到底意味着什么。人类需要这种"玩"吗？一些哲学家认为应该需要。[19] 即使这种"玩"不是人的基本需求，也仍然可能是我的个性中更需要的东西。这是我必须探索的地方。

如何探索价值观的世界？总的来说，探索世界是一个不错的起点，因为我们是通过各种经验来了解自己到底看重哪些事物，并且持续给出评估。此外，我们也能从他人的经历中了解到哪些东西更重要。前面已经讲过朋友能为我们提供帮助的一些方式，比如向我们展示他们看重的事物为他们带来了怎样的快乐和兴趣。但朋友并不是唯一的信息来源。其他人（甚至虚构的人物）也可以扩宽我们的相关视野，帮助我们重新审视旧事物或者发现新事物。

不过，探索并不适合与反思或内省同时进行。如果做一件事的时候，你一直问自己"值得吗"，那很可能就无法真正享受整个过程。如果我必须问自己"这是不是在玩"，那我可能就没有达到乐在其中的程度。自我反省和追问有时很有用，但有时却会妨碍你获得"玩"的体验。由此我们可以再次看出，弄清楚对我们来说什么重要的过程，不只是自我审视，还需要不瞻前顾后，愿意去尝试新的体验。

结合起来

根据前面考虑过的那些策略，我们吸取了关于目标和价值观的信息，明白了目标冲突与和谐共处的不同之处，辨明了有效和无效的努力。这些策略有时并不截然分明，甚至在不同时间运用也会出现类似的问题，所以我们最终需要把得到的结果结合起来——通过反思、探索、对人性的认识、对自身情绪反应的观察、发挥想象力的成果以及他人对我们的回应中获得的信息——从而确定对我们而言真正重要的事物到底包含什么。

比如，我在"玩"这件事上，就需要把所有信息结合起来考虑。我被电子邮件和任务清单压得喘不过气来，感到情绪低落，说明哪里已经出了问题。我感到似乎失去了得到任何快乐的能力，同样也证明了我哪里做得不对。相关的证据还包括，一些亲朋好友曾说我对自己太过严格；通过观察其他朋友，我发现他们似乎更会享受生活。所有这些加在一起，让我认识到了自己的价值观体系里缺乏"玩"这一项，需要做出一些改进。

通过所有这些方法获取的自我认知，是一个永远在不断发展的过程，原因有以下几点。首先，大多数人都拥有目标、价值观和内在动机的体系，而这些体系复杂又难以捉摸，根本无法——了解透彻。其次，随着时间的推移，由于我们所处的环境不断发生变化，我们尝试理解的内容也会相应变化，所以我们看重什么也会受到影响。年龄便是一个明显的例子。在二十岁、三十岁、四十岁时（如果幸运的话），我们并不会过多考虑是否要照顾父母，因为他们可能并不需要多少照顾。但当我们进入五十或六十岁时，大多数人突然要操心的事又多了一件，那就是父母的健康和福祉。同理，在子女年幼时，做个好父母通常是一个更具挑战性的目标，可孩子长大成人后，这目标就没有那么紧迫了。因此，在前一个十年中你需要认识的重要目标与下一个十年的重要目标是不尽相同的。

价值观在我们试图发现它们的过程中会发生变化，还有一个原因，那就是当我们尝试搞清楚什么对自己来说真正重要时，会遇到各种问题和冲突。事实上，问题和冲突通常正是促使我们一开始去思考这个问题的原因。比如面临工作与生活平衡的问题时，你可能不得不去思考二者对你来说真正重要的地方分别是什么。所以要解决这些冲突，我们只能不断完善自己的价值观。也就是说，我们的价值观是在发现它们的过程中逐渐形成的，试图理解自己价值观的过程与需要理解的内容之间存在相互作用。这也就是为什么弄清楚你重视什么与弄清楚最适合你的价值观并不是两个毫不相关的过程。

了解现在对我们而言到底什么最重要，虽然是一个不断变化的过程，但也确实是实现自身价值观的重要一步。如果不知道什么重要，你就什么都做不了。了解我们的价值观还有另一个好处：让我们不必把时间浪费在那些根本不重要的事情上。我以前老会为是否发送了措辞不当的电子邮件这种小事而焦虑不已，读过许多建议专栏后，我发现很多人竟然也有这样的担心。知道什么重要之后，我们就可以不再拘于小节，不用再被消费主义文化的思维模式影响，总觉得下一个高大上的产品会让我们的生活有巨大的提升。如果我们明白了自己真正看重什么，就不容易陷入"只要有了那辆车（或者那件衣服、那块手表等）就会更幸福"的认知陷阱了。

知道了我们的价值观，下一步就是尽力在行动中实现它们，去做那些对我们来说重要的事情，去成为我们想要成为的人了。在这个过程中，我们会遇到冲突，而在努力解决它们时，又得去重新思考和完善重要事物的定义以及获得的方法。所以，在下一章中，我们将重点关注这些后续步骤：解决目标冲突、在行动中实现价值观。

Chapter 4

关于草莓和安全：
或者说如何化解冲突

一旦我们的朋友米莉森特（一只乌龟）明白了她既想要草莓又想要安全，接下来就必须思考应该采取什么行动，因为过马路就意味着要牺牲安全。一旦我决定点健康午餐，就得采取必要步骤，避免摄入大量的酒精和饱和脂肪。这说起来很简单，但做起来却很难，因为一旦付诸行动，目标之间就必然会出现冲突。拿我自己来说，如果我想吃健康午餐，通常就必须在营养更丰富的午餐和碳水更容易计算的午餐之间做出选择，因为后者可以让我更方便地确认胰岛素的注射剂量，而确认剂量最简单的做法就是选择包装上注明了碳水化合物信息的预加工食物。但除了这点儿方便，加工食品通常是最不健康的选择。我的时间还有限，所以如果我执着于找到最完美的午餐方案，最终又会和其他重要目标（比如写这本书）发生冲突。由此我们可以看出悬而未决的冲突会如何伤害我们：如果不能在午餐选择的两个子目标之间达成妥协，我就吃不上饭。虽然在这个简单的例子中，我在吃饭这件事上不存在内部冲突：不管是这种还是那种，我总得吃午餐！但涉及层级更为复杂的价值观和目标时，除了外部冲突，我们还会面对内部冲突。

　　举个复杂一点儿的例子，一旦我意识到生活中还需要一些"玩",我就必须找到办法,成功协调这件新事物和我重视的其他事物之间的关系。"玩"首先会在时间分配上和其他活动发生冲突。其次,我还有一个挥之不去的成见,那就是认为只有小孩子才需要"玩",而这种看法也会同我想将其融入生活的努力产生抵触。

我们可以把容易带来麻烦的主要重大冲突分为三类:目标内冲突、目标间冲突、目标与环境的冲突。目标内冲突指的是我们看待目标的各种态度产生分歧的情况:我们对同一目标的情感、渴望、想法朝着不同的方向相互拉扯。比如,我们有时会喜欢做一些印象里对自己有害的事情。某个在严格禁止跳舞的五旬节派社区长大的人,可能会发现自己想跳舞,但同时又觉得这么做不好。某人想要与人为善,但同时又觉得她对友善的渴望不过是性别歧视社会化影响下的产物,因此她可能会产生既想友善又想不那么友善的矛盾心态。还有一些事情我们根本就提不起兴趣来,但又觉得做这些事情对我们有好处。这一点在我们从父母那里继承价值观念时表现得尤为常见。我曾经见过许多学生初入大学校园时,因为受到了父母的影响,想当医生或会计师,可到后来却发现自己其实对医学或会计课程一点儿兴趣都没有。他们虽然重视工作和成功,但在思考重视的真正含义时,并没有找到真正适合自己的价值观,只是把"工作"和"成功"解读成了"当上心脏外科医生"或者"成为赚大钱的会计师"。比如有个让我印象很深刻的学生——我们就叫他菲尔吧——很喜欢上哲学课,但又被灌输了哲学不是一门值得热爱的学科的观念。所以,虽然菲尔聊起哲学来眉飞色舞,还从中找到了主动学习和上课听讲的不竭动力,哲学成绩也是所有课程中最出色的,但他并不真的认为这些足以成为主修哲学的理由。他仍然深受父母的影响,认为主修文科不好。菲尔对哲学的热情与他从父母那里继承的价值观念产生了冲突,让他非常郁闷。虽然他还没有意识到,但这个冲突同时也在阻碍他整体目标的实现。在大学里,你做自己有动力去做的事情时,肯定会更容易成功(菲尔在哲学课上的出色表现就是证明);做自己感觉枯燥无味的事情时,几乎不可能成功。

再看一个例子。假设有个男人——就叫他约翰吧——在成长过程中养成了非常重视传统性别角色的性格。和绝大多数人一样,约翰重视家庭,在思考相关含义时,"要做家里顶梁柱"的观念深深影响了他对当父亲的价值的理解。美国影星约翰·韦恩饰演的硬汉形象,是他心目中男子气概的典范。但对于这个我们假想出来的约翰而言,硬汉形象在他内心引发了冲突。他想多陪陪孩子,想做一个充满慈爱感性的好父亲,而且受到了一些启发性观点的影响,(至少在理论上)相信和过去的文化刻板印象相比,男性也可以有更丰富的情感流露。然而，对于为人父母的价值，他已经深受硬汉式观念的影响，所以对于自己成为一个好父亲的诉求感到尴尬。就这样，想做好父亲的诉求和他对这种诉求的羞耻感产生了冲突，妨碍了他实现自己的目标。说到底，一个人如果不知道当个好父亲到底包含哪些内容，内心情感又在两个不同方向拉扯时，他就很难真正成为好父亲。

至于目标间的冲突，我们在前面讨论价值观之间的冲突时已经有所提及。工作与生活相互冲突的例子，就能很好说明这个问题。大多数人都多少经历过工作和其他事情（也就是生活！）之间的某种冲突。两者之间出现时间分配上的矛盾尚在意料之中，但有时我们对工作的价值或者对与之存在矛盾事物的理解，会让这种冲突变得难以应对。举个例子，如果你认为当个好母亲就意味着要加入家长教师协会，要精心策划独角兽主题的生日派对，还要每周带孩子去五个地方参加六个兴趣班，那你可能会发现当个好母亲与事业有成之间的冲突简直无法调和。所以，我们应该尽量避免拥有这类会在时间和注意力上陷入极端竞争的价值观。

除了工作与生活的平衡，人际关系也是可能给我们带来麻烦的冲突。由于其重要性，人际关系在与其他重要价值观产生冲突时，通常会让我们感到更加痛苦，比如保守教会中的性少数群体。[1]这样的冲突很悲剧，所以我们应该很容易就能理解这为什么会让人无法拥有满足感。要全身心投入一段不被所在团体认可的恋爱关系是很困难的，要接受一个不接纳你真实自我的团体也是很不容易的。再比如离婚，如果你对婚姻的了解仅限于电影里那些，那你可能会认为婚姻关系破裂的首要原因是一方出轨，而与此相关的冲突是一方渴望忠诚的伴侣，另一方的行为却违背了这一愿望。事情有时候确实是这样，但在我所了解的离婚案例中，具体情况要更为复杂。如果你的伴侣不欣赏你，或者把你当小孩儿看，那么这段恋爱关系可能就会和你的自尊心发生冲突。如果你的伴侣从不分担育儿和家务责任，那这段婚姻关系可能就会和你想做其他事情的愿望发生冲突。当两个人已经渐行渐远，不再享受彼此相伴的时候，从家庭和教会那里继承而来的对保持长期亲密关系的重视，有时又会和个人追求快乐的愿望发生冲突。

第三类重大冲突是追求与我们所处物质环境和社会环境不相符的价值观。举例来说，我患有 1 型糖尿病，眼睛还近视，因此当宇航员对我来说可能不是明智的选择。又比如，生活在赤道地区的人可能不应该重视冰雪运动。对猫严重过敏的人最好不要有收养流浪猫的价值观。

当然，要找到适合我们所处环境的价值观并非易事。因为环境会变化，而且改变环境有时也会成为我们价值观的一部分。如果我早五十年出生，不用想都知道一定会有人告诉我不应该重视哲学研究这门职业，因为女性哲学家的职业发展道路就像糖尿病患者上太空一样充满困难。如果我们都将自己的价值观局限在自己出生时所处的时代，那我们就永远都无法改善这个世界。上一代女性哲学家即使遭到他人的冷嘲热讽，但也还是重视哲学，并且通过努力改善了外界对女性从事哲学研究的看法，我才能因此受益。对于这些女性哲学家中的一部分人来说，改变世界已经成了她们价值观的一部分。我们确实也需要关注那些外部环境允许我们做的事情，因为如果在追求自己重视的事物时频频受阻，我们就很难过得幸福。当然，这并不意味着我们就只能重视那些和周围环境轻松契合的事物，不过这个话题部分我们还是留到下一章再细说，现在先来解决我们应该如何应对冲突的问题。

一旦我们明确了自己的冲突类型，就可以采取以下几种基本策略加以应对：

应对冲突的三种基本方式

1. 对目标优先级进行排序，在实现手段上做出调整

2. 在相互冲突的目标中放弃一个

3. 对我们的价值观重新解读

还是以买鞋为例，只要你能成功做到，那么第一种策略在解决这个问题时就能达到立竿见影的效果。如果你心里很清楚在买鞋的考虑因素里，价格第一、外观第二、舒适度第三，那你挑起来会轻松很多。你还可以调整其中的一些手段性目标：如果追求舒适度是为了满足跳舞的需要，你可以选择光脚跳舞，如此便不用再担心鞋跟高度的问题。第二种策略也能达到不错的效果。如果你能够放弃对外观的追求，那冲突也将大大减少：要找到一双便宜、舒适、难看的鞋子应该不是什么难事！最后，你还可以运用第三种策略，通过重新解释目标来达到减少冲突的效果。比如你要是愿意转变心目中对鞋子外观的标准——如果你能认同我某个朋友所谓的"非厌女鞋"其实也好看——那你面对的冲突也会减少。虽然涉及比买鞋更重要的目标时，情况会变得更加复杂，但化解冲突的基本策略是相同的。

优先级排序，
实现手段调整

为了深入探讨这一策略，我们不妨再次回到工作与生活平衡的问题上。注意一下，我们通常直接面对的不是工作与生活之间的整体冲突，而是在这个话题下具体事物之间的冲突。比如你在工作上花费了太多时间，没空锻炼身体，耽误了健康。比如你在开车送孩子去参加兴趣班或者给孩子安排玩伴约会上耗费了太多时间，致使工作上只能敷衍了事的话，你或许会对这种状态非常不满。你老是在为工作的事情焦虑，让你无法成为那种有耐心、有同情心的理想伴侣。在工作与健康、工作与育儿、工作与休闲、工作与友情等方面，我们都会经历冲突。（当然，健康、育儿、休闲和友情相互之间也有可能存在冲突。）

要为冲突目标的优先级进行排序，我们需要确定其中哪些是终极价值观，哪些是更接近实现手段的子目标。换句话说，我们需要知道真正重要的是什么，以及因为其他事物才显得重要的又是什么。有时候，对目标进行优先级排序能够让我们看到化解冲突的简单方法。当我们发现冲突是发生在终极价值观与为了实现其他目标的手段性目标之间时，替换手段性目标就能轻松化解冲突。举个例子，如果工作与锻炼身体产生了冲突，而你只是出于健康考虑才选择去健身房，那你或许可以换个不会与工作冲突的锻炼方式，比如骑车上班或者在小区跑步，问题就迎刃而解了。总之，有时我们可以在不用付出太多代价的前提下，"调整"纯粹的手段性目标，减少目标间的冲突。

调整目标实现手段是一个相对常见的策略，大多数目标都比较简单，可以通过多种方式实现。比如你的目标是获得教育，那实现路径其实有很多：考大学、加入读书小组、参加免费在线课程、去图书馆阅读，等等。同样，如果你的目标是保持健康，也有多种选择：跑步、游泳、多吃蔬菜、少吃加工食品、举重，等等。要实现目标，你不必同时做到这些事情，而是可以选择其中冲突最小的方式。这一策略常见于志愿活动领域。有关志愿活动的研究表明，选择从事与自身其他目标相符的志愿活动的人，在工作期间的效率和满意度要更高。[2]这是因为大多数人"帮助他人"的目标都比较笼统，所以无论选择哪种方式助人都可以得到满足。在这种情况下，选择能够减少冲突的手段来实现目标，将会让更多的目标得到实现。如果你是个内向的人，不喜欢与陌生人交谈，那么为政治选举候选人敲门拉选票可能就不是最好的选择。除非你正在努力提升自己的短板，不然你就得克服对敲陌生人家门的恐惧，但这恐怕不是短时间内就能做到的事。我在2012年志愿去敲门拉选票时，下了很大的功夫才克服内心的冲突，可站在路边看到那排需要挨个敲门的房子时，我失声哭了出来。但在2020年，我的志愿工作成了写信鼓励人们投票，待在家里就能做，所以做起也更有精力。

　　也许我们没有意识到自己这么做是为了减少冲突，但我们其实经常会进行这种工具性（手段—目标）思考。只要我们拥有的目标不止一个，实现目标的最佳方法就得依其他目标而定。如果我手上的钱没处花，那花一千美元买双鞋完全没问题。如果我的时间有富余，那每天健身五个小时也无可非议。但我们拥有的目标永远不止一个，所以实现目标的最佳方式是为实现其他重要目标留出空间。

这些"调整手段"的方法在哲学上讲相对容易，因为理解这种思考方式并没有什么难度。工具性思考只是确定实现目标有效手段的必经过程。但哲学意义上的容易并不等于在现实生活中就容易施行。我们或许都有过类似的经历：一些目标追求起来就像以身撞墙一样，而当我们试图在生活中引入新目标时，这种情况更是经常发生。例如，你渴望"保持身材"，是因为你在候诊时看到了一本健身杂志，然后为了实现这个目标，你决定成为一个"去健身房的人"，每周拿出五天进行重量训练和有氧运动！"去健身房"成了你实现目标的手段。但你其实讨厌健身房，讨厌里面的气味、讨厌去健身房要耗费的时间，讨厌在大汗淋漓时还要保持形象的压力。但由于忙碌，你并没有真正思考过自己为何要"去健身房"，所以一直在努力，但也一直在失败。要认识到也许其他健身活动（比如团队运动、跑步、踢踏舞课）才是更适合你的选择，你就首先要认识到"去健身房"只是一种实现目标的手段，而且并不适合你。这个过程并不总是轻而易举，而确定目标和价值观的不同类型，进行优先级排序，明确哪个是手段，哪个是最终价值观，将会对这个过程很有帮助。

到目前为止，我们已经讨论了目标之间的冲突，那么目标内部的冲突又怎么解决？当我们拥有的目标发生内部冲突时，调整实现手段不能解决问题，是因为我们尚未明确要追求的最终目标是什么。然而，很多目标内的冲突实际上是套上伪装的目标间冲突，掌握这一点对我们也很有帮助。举个例子，想象一下我们的五旬节派朋友，他热爱跳舞，但同时认为这是自甘堕落、离经叛道的行为。乍看之下，他好像对跳舞这件事爱恨交加。但实际上，这可能是两个截然不同目标之间的冲突：体验喜悦和取悦神明之间的冲突。在这种情况下，跳舞并不是他真正的价值观，只是获得快乐的一种手段。他在获得快乐和取悦神明这两件事上并不存在目标内部冲突；相反，是这两件事之间存在冲突。如果这才是对他所面临情况的正确解读，那他可以通过不同手段来获得跳舞带来的愉悦感受。也许跳伞就能起到这个效果，而他所属的教派也不会对此持反对意见。当然，一旦认识到冲突的本质，他也可以选择放弃取悦现在这个不允许他通过跳舞来体验喜悦的神明，进而化解冲突。

在我们明确哪些终极目标可以通过不同方式实现，同时又不需要做出太大牺牲的情况下，目标优先级排序和目标实现手段调整的策略是行之有效的。然而，现实生活往往没有如此简单。即使子目标是手段性目标，通常也会以特定方式和其他目标紧密相连，难以调整替换。举例来说，去健身房的主要目的是保持健康，但你可能也很喜欢健身房带来的社交便利，而一个人跑步则无法拥有这种便利。当更为终极的价值观之间发生冲突，我们又无法轻易替换实现手段时，就需要考虑采取其他可行方法了。放弃其中一个目标就不失为一条可行策略。

放弃其中
一个目标

面对冲突时选择适当放弃，听起来是个不错的主意。有时候当两个目标发生直接、即时的冲突时，放弃其中一个目标可能是唯一的解决办法。举个例子，如果你想在感恩节时去看望远在佛罗里达州的父母，同时又想待在家里，那你总得选一个，放弃另外一个。然而，"放弃"的策略通常不适用于更为终极的价值观。回想一下前面例子中的乌龟，米莉森特面对的食物和安全之间的基本冲突，不能通过放弃其中一个来解决。她可以放弃吃草莓（作为饱腹的具体手段），但不能舍弃对食物的需求。同样，人类也不会舍弃工作、家庭、友谊、安全以及其他我们最为重视的价值观。

当然，有些目标是大家公认的无益目标。许多哲学家（从亚里士多德到约翰·斯图亚特·穆勒）都认为，追求财富是我们应该放弃的一个目标。追求名誉和地位也是一样。这些目标的问题出在哪里？想获得足够的金钱来追求你所重视的其他事物，这没什么问题。因为在这种情况下，追求财富只是一种手段性价值观，而非终极价值观。从价值观的实现角度来看，一个主要问题是这些手段性价值观变成终极目标后，会与包括人际关系和幸福感在内的其他重要价值观发生冲突。心理学中有充分的证据表明，与不太重视金钱和地位的人相比，高度重视金钱和地位的人往往拥有较差的人际关系，对生活更加不满，受负面情绪影响的可能性也更大。[3]（需要明确的是，这并不是说拥有财富会让你不快乐：问题在于你太在意拥有财富。）

看重财富、名誉和地位之所以有问题，是因为它们都是关系性物品。别人拥有的更少，我们拥有的才更多。追求物质的人必然要与他人竞争，所以人际关系自然会受到不好的影响。名誉必然是一种稀缺物品，因为我们不可能都成为名人。"富有"通常也是一个通过与他人比较得出的概念；渴望富有的人通常只是希望比左邻右舍更富有而已。[4]追逐地位的人则会因为需要购买象征地位的物品和其他引人注目的东西而陷入债务危机。债务又会带来压力，与心理和身体健康的价值观相矛盾。追逐财富会让人选择从事薪酬丰厚但与个人志趣不符的工作，这会带来更多压力，以及更多对职场生活的不满。因此，放弃财富、名誉和地位的目标，或者至少将它们视为纯粹的工具性目标是合乎情理的。

成瘾和自毁倾向也是不良目标。这么说可能看起来有些奇怪，因为好像没有人会把"成为瘾君子"列为自己的目标。但用专业一点儿的话说，目标就是对大脑中吸引并驱动我们采取行动状态的一种表征，而成瘾物质通常具有很大的吸引力。过量服用药物、早餐时喝伏特加、烟不离手，这些明显都应该是我们最好敬而远之的目标。自毁性目标，比如完全不吃东西或者跟有家暴倾向的伴侣在一起的目标，也是如此。尽管我们可能不会明确将它们列为目标，但在严格意义上，又确实是目标，而且还是明显应被摒弃的那类。

有时候，隐藏动机会对我们产生不利影响。虽然很多人都对隐藏动机有一种刻板印象，认为它们是一股黑暗力量，会侵蚀我们的幸福。这样的例子确实存在，比如没有认识到自己自尊心不足，可能会导致人际关系和职业发展机会受阻，因为你在"内心深处"就认为自己不值得拥有这些东西。再比如，你没有认识到想要证明自己比其他人更出色的病态欲望，不仅会让他人反感，也会在工作和家庭方面引发问题。这类隐藏目标会阻碍我们追求最终价值观，或者在成功实现价值观时阻碍我们获得愉悦满足之感，最终削弱我们的价值观体系。

但并非所有的隐藏动机和目标都不好，其中有许多只是源于我们对探索、安全、自主和与他人建立联系的基本需求。我隐藏的好胜心（至少在我看来是隐藏的）未必是坏事，因为这可能在某些方面推动了我获得成功。当我们试图搞清自己到底有哪些隐藏动机时，最好将具体欲望与上一章的"基本心理需求"区分开来。前者可能是我们能够放弃的不良目标，但想要铲除后者所代表的基本人类动机却只会白费力气。

有时，我们的隐藏动机源自内在的善良品质，比如关心他人的感受。在这种情况下，与其他目标产生冲突并不意味着我们应该对抗或抛弃这些正当冲动。当一个人在与其基本兴趣和动机相抵触的环境中长大时，这些兴趣和动机往往会首先转化为隐藏动机。比如，性少数群体在不友善的宗教氛围中长大，或者艺术家在只重视安全和金钱的家庭中长大。对于他们来说，认识并接纳那些无意识动机，将它们从暗处带到明处来，可能是改变从原生社区继承的不幸价值观的第一步。

关于隐藏动机的最后一点是，我们必须承认它们往往难以改变。其中一个原因是我们并不完全了解它们的本质！一些隐藏动机哪怕能被洞察到（通过接受心理治疗，专注于"负面的神秘情绪"，或者采用第二章中提到的目标设定活动），也依然会是我们个性中长期存在的特征。当然，这并不是说个性全无改变的可能，但这类改变通常只是对生活路径的小幅调整，而非彻底的转向。[5]毫无疑问，我可以让自己变得不那么容易相处。但我多半做不到完全不关心他人看法。那些受传统教养长大的男性或许可以在一定程度上调整对男性气质的看法，或者学会比以前更少地在乎自己的言行举止是否显得女性化，但对大多数男性而言，要完全摆脱对男子气概的重视困难重重。

请注意，放弃其中一个目标也可以用于化解目标内部冲突。如果五旬节派的那位舞者喜欢跳舞是因为能从其中获得感官快乐，而这正是该教派反对跳舞的原因，那么他就陷入了真正的目标内部冲突。他不可能既享受跳舞带来的感官快乐，又不冒犯教规。所以，他必须放弃一项。我们在人际关系中有时也会遇到类似的内部冲突，比如"爱恨交加"的关系就让人难以应对，时感痛苦。要实现更多的价值观，就要放下爱或者恨，才能从中走出来，投身下一段更好的关系。

识别出不良目标后，我们便可以通过不同的策略来摆脱它们或者弱化其影响了（如同对待我们内心中难以改变的部分一样）。可行的策略包括心理治疗、行为疗法、自助书籍、辅导、支持团体、冥想等。离开实施家暴的伴侣，克服成瘾，或者重新塑造自己的思维模式，让自己不再觉得毫无价值，这些事情实践起来极为困难，我也并非这方面的专家，但不可否认，一旦清楚认识到冲突的本质以及正确的解决方案，这些事情就不再是什么哲学上的难题了。知道该怎么想并不困难，难的是将其付诸行动。

从解决冲突的角度来看，更具挑战性的情况是那些我们无法放弃，但彼此发生冲突的价值观。面对这种情况，我们需要采取另一种策略。

重新解释
我们的价值观

进行目标优先级排序，调整目标实现手段，以及摒弃不良目标，是化解许多冲突的有效策略。然而，有时更为终极的价值观之间产生的冲突，无法通过这些方式得到解决。放弃终极价值观通常既不现实也不可取。即使是工作和家庭之间发生了冲突，大多数人也无法放弃其中一个。寻找新的手段来实现我们的目标也并不总能解决问题。

但如果我们意识到许多终极价值观其实都可以有不同的解读时，第三种策略也就显而易见了。对终极价值观进行解读，不仅涉及如何最好地实现它们，还包括实现它们到底意味着什么。例如，大多数人生儿育女后都希望成为好父母，但人们对什么是好父母有不同的看法。有些人认为，做个好母亲就意味着要亲手为每一次学校义卖活动烤纸杯蛋糕，要和自己的孩子一起学拉小提琴。有些人则认为确保自己的孩子吃饱穿暖就足够了。同样，对于友情，有些人认为做个好朋友就意味着随时为对方提供所需的帮助。有些人则认为每个月抽出几个小时聚一聚即可。还有些人认为，好朋友就是不管上次见面是什么时候，一见到就能让你打开话匣子的人。关于如何做个好父母、好朋友、好儿女等，人们有多种不同看法。

通过观察他人，我们其实很容易发现一些关键价值观可以有多种解读方式。我们大概都认识那些热衷于自制纸杯蛋糕的父母，还有那些只关心确保孩子"衣食无忧"的父母。在我们各自的社交圈中，也能看到重视身体健康的不同表现形式。有些朋友会认为每周一次散步、每年一次体检，就满足了健康目标。而另一些朋友则认为，除非按照铁人三项的标准进行训练，否则健康目标就得不到满足。但具体到我们自己的话，意识到我们的价值观也可以有多种解读方式，似乎就没那么容易了。为什么会这样？在我看来，这是因为我们对自身价值观得以实现到底意味着什么的思考，会影响我们的计划和看待世界的方式。我们的子目标、自我认知、对自己应该做什么和不应该做什么的判断、对成功和失败的信仰，都与我们对自身价值观的具体理解紧密相连。如果你相信体格健康的标准等同于铁人三项赛训练，那你很可能就会认为在社区里遛狗不算锻炼，而是会把不断提高比赛成绩视为自己的重要目标。同样，如果你认为做个好父母就是要事事亲力亲为，那你或许就会认为在百货商场购买万圣节服装是失职的表现。目标和价值观相互交织，形成了一种互相强化的模式，让我们看待事物的方式看起来自然而然、无法避免。

按我对价值观的思考来看，也就是价值观包括欲望、情绪和判断，那这完全合理。因为我们完全重视某件事物时，我们对它的欲望、情绪和判断都紧密相连，根本想象不到还能有所不同。但是，我们可以观察到其他人重视同一件事物的方式和我们的存在差异。了解他人如何看待事物可以帮我们认识到，如果有必要，我们也可以在自己身上做出这些改变。

有时，我们确实需要如此。我们拥有一些根本无法抛弃的基本终极价值观。我们之所以固守某种思维方式，一方面是因为成长背景，另一方面是因为这种思维方式适应了我们当时的需要，但这种思维定式并非总是最合理的。随着自身的变化，我们面对的情况也会发生变化，然后冲突就开始露头了。一个解决办法就是看看以不同方式来坚持这些价值观意味着什么，也就是重新诠释策略。

我们先从简单的例子开始。我曾定期参加瑜伽训练，还树立了雄心勃勃的目标。我努力重拾劈叉和倒立的能力，因为在我眼中这是两项很酷的技能。但不久之后，我不光肩膀受了伤，还拉伤了腿筋，致使我不得不重新思考瑜伽的意义。我需要考虑比"进行倒立"或者"练习力量瑜伽"更抽象的目标。但在此之前，我需要把关注的焦点挪到更为核心的价值观上去，比如"保持身体灵活"或"保持健康"的价值观。一旦你的膝盖出了问题，还能不能跑马拉松也就成了问题，但如果你能将其中的终极价值观解读为"享受体育比赛"和"保持健康"，你就可以放下对跑步的执着，把重心转到散步或游泳上。

衰老提供了一个让我们每一个人重新审视自己价值观的平等机会。对我来说，衰老是一个出人意料的过程。年轻时，我一直认为自己正在"弄清关于生活的一切"，等年纪大了，我就什么都知道了，可以安享晚年，不必再经受自己都在做什么或者生活中重要的是什么这类灵魂拷问了。但后来，我才明白，原来生活并非如此运转，至少对我还有跟我聊过的老年人来说不是。实际情况是，随着思想、身体和环境的不断发生变化，我们只能继续探索生活的真相。还是以练习瑜伽为例，三十多岁时，我发自内心地认为自己会一直练习力量瑜伽，到四十多岁也还能劈叉。可如今，我更像是一位"挺尸式"瑜伽专家。再看看我的朋友和家人，我感到相当幸运：没有做过大手术，没有亲近的人去世，除了先天性的糖尿病，也没有其他严重疾病。但俗话说，人生无常，总会有事冒出来影响我们的价值观，所以我们只能做出相应的调整。

这些和身体活动相关的例子，相对来说比较好理解。身体会衰老，所以我们必须改变对成功的看法，否则就会一直失败。我认为这些例子很值得深入讨论，因为它们揭示了一个重要观点：我们并不总会把那些必要的改变视为改变，而是会将其理解为放弃或屈服。为什么要这样呢？我们大可不必将改变视作屈服，平时也尽量不要如此。当我们自问生活中哪些方面进展顺利，是否确立了正确目标时，我们别无选择，只能依赖于一些价值观展开回答。如果情况确实如此，那么在一切其他条件不变的情况下，我们最好在自身能力限度内重新解释自己的价值观，而不是改变它们。抛弃价值观会扰乱我们所依赖的目标和价值观体系，而重新解释则能带给我们更多的稳定，让我们更好地确信自己没有走上歪路。比如在锻炼的问题上，更好的想法应该是"我重视健康，随着年龄的增长，我要寻找新的方式来保持身体的灵活度"，而不是"我过去热爱瑜伽，但现在已经放弃了"。

"一切其他条件不变"的前提至关重要。正如前一小节所讨论的，有些价值观——比如财富和名誉——是我们应该尽量摒弃的价值观。财富和名誉的价值观不仅会对其他价值观造成负面影响，而且难以通过一种符合个性特征和外部环境不断变化要求的方式进行重新解释。这是因为"财富"和"名誉"的标准是由我们无法控制的外部力量所设定的。若你生活在一个身边所有朋友都开保时捷的社区，而你只能负担得起一辆二手现代，那你并不算富有。你可以将"足够富有"需要多少钱的标准调整为实现一定程度富有需要的标准（足够舒适、足够去度假、足够供孩子上大学），但这样做就意味着放弃了将"财富"作为一个终极价值观。名誉亦是如此。如果名誉是你的终极目标，那么评判标准完全取决于你的受众；如果人们不知道你是谁，你便算不上出名。

但在对待其他价值观时，我们经常调整对所重视之物的诠释，而非放弃或失败。就体育运动而言，我们追求的是抓住这项活动中我们真正看重的东西，并找出方法，让我们在膝盖、肩膀、肺部等身体器官都在不断老化的情况下，仍能持续达成这个重要目标。但在谈到财富时，我认为，金钱本身并没有蕴含我们真正想要获得的价值；相反，金钱真正重要的地方，能够帮助我们获得对自己真正重要的事物。同理，名誉本身并无值得渴望之处；相反，真正有价值的东西是获得他人对我们工作的认可和回报。这才是一个合理的价值观，可以供我们进行重新解释，进而追求对我们重要之人的认可，而非社交媒体上一群陌生人的追捧。

体育运动等也是个很好的例子，可以让我们通过确定它们背后的价值，来重新构建目标。随着身体的变化，我们可以把自己钟爱的某项运动的价值，通过别的运动来实现，体现那项运动的价值（如把力量瑜伽换成柔和拉伸，把跑步换成游泳），或者根据自身最新能力水平来调整该运动的标准。换言之，我们可以改变自己对跑步、跳舞、打篮球的看法，可以调整相应的长度、速度、强度。为了摆脱对追求卓越的执着，我们可以为运动增添新的属性，比如加入跑步团体，让跑步成为一种社交活动；参加另一种舞蹈的初学者课程，让舞蹈成为一种精神挑战而非生理挑战；志愿为当地青年团体篮球比赛当裁判，让我们在帮助他人享受运动乐趣的同时，降低自身受伤的风险。

体育运动的目标并不是唯一我们可以重新构建和解释价值的目标类型。类似的思维过程同样适用于许多其他活动。如果你热爱钢琴，但住的是单间公寓，那是否可以思考一下自己为什么热爱钢琴，然后通过别的途径来满足这个爱好？是否存在某种特定的音乐形式，可以让你在没有钢琴的情况下来演奏或欣赏？或者你只是想学弹琴的指法？如果是的话，是否能够通过电子琴来学习？当我们的目标之间相互冲突，或与这个世界发生冲突，不能按照过去的方式实现时，我们可以找找看真正重要的是什么，是否可以通过不同方式得到满足，进而减少目标之间的冲突。

重新解释的策略在处理工作的价值观问题上同

样有效。那些在职业发展上抱负远大的人容易遇到的一个危机，是意识到他们的工作并不能拯救世界，或者有什么重大创新，能够实现他们在二十岁时梦想的一切。对于这些人来说，将职业成功重新定义对合作项目做出贡献可能更有意义，而不是固守那种更适合精力充沛、时间充裕的二十多岁年轻人所认为的成功模式。在我的工作中，重新解释价值观的策略已经帮助我成功化解了做个优秀的哲学家和做个与人为善的人之间的冲突。随着年龄的增长，我早已厌倦了那种觉得自己没有真本事的想法，开始更加愿意接受那些来自欣赏我工作的人提出的积极反馈。这让我开始用不同的方式思考这两个目标。比如，做个优秀的哲学家，并不一定意味着非得在某些期刊上发表文章，我认为有价值的论文如果不被接受，那还有其他发表途径。做个与人为善的人，也并不意味着从来都不能让他人感到不适。有时在他们提出了不合理的期望和要求时，你需要让他们感到不适，但我坚守自己的立场，并不代表我就是个刻薄之人。

所以，我们反思自己的价值观时，找到实现目标的最佳途径并不是我们唯一能做的事。我们还可以对价值观进行微调，从而专注于实现其中最适合我们的部分。

现实很重要

上述策略的最终目的，包括调整目标实现手段、进行目标优先级排序、减少有害目标、重新诠释终极价值观，当然是为了真正实现我们的价值观，在对我们而言真正重要的事情上获得成功。但要做到这一点，我们还得对自身环境和应对环境的能力做出现实的评估。对现实的关注是前面提到的所有策略都必不可少的一部分。本章开头提到的第三种冲突——价值观与环境之间的冲突——在我们思考问题时始终潜伏在背后。我们需要了解自己，知道哪些价值观能给我们带来心流；我们需要正视衰老，领悟重新构建某些终极价值观的重要意义；我们需要直面时间的限制，认识由冲突引发的种种问题；等等。要想过得幸福，我们就只能坦然面对这些现实。

否则还有别的选择吗？

事实上，还真有另外一种选择：幻想！在这个充斥着"另类事实"的时代，我们会发现很多人实际上只关心自己的感受，根本不在乎它们是否符合现实。那么，也许在追求最终价值观时，我们也应该只关心它的外在表现，而不必过多在意它的真实内涵。哲学中有个著名的思维实验，名叫"体验机"（experience machine）。这个实验的目的是想证明实际上我们并不只在乎自己的感受。[6]在非常值得信赖且经验丰富的神经科学家的控制下，体验机可以完美地模拟现实，唯一的不同只在于如果你接入系统后，会比在现实生活中过得更幸福、更满足。提出这一思想实验的哲学家罗伯特·诺齐克认为，人们不会选择接入系统。因为即使现实世界不如幻想世界那般美好，我们也还是更愿意与真实的人建立关系，与真实的世界进行互动，追求真实的成就。

初次面对这一思维实验的伦理学学生，总是会有各种各样的问题想问：如果神经科学家死了怎么办？如果机器坏了怎么办？意向合同的期限是多长？是否可以带女朋友一同进入？如果需要一些痛苦才能体验真正的快乐呢？然而，这些问题通常都没有问到点子上。这个虚拟情境的搭建其实只有一个目的，那就是引导人们思考我们是只关心自己的感受，还是也关心现实世界发生的事情？这个情境并不需要非常真实，只需要能达到这一目的即可，因此诺齐克（或任何在课堂上教授这一内容的伦理学教授）会不断修改实验，以迫使参与者思考这个问题。例如，对于是否需要一些痛苦才能真正体会快乐的问题，答案是如果真需要的话，那么这台机器将会被设计成可以为我们提供尽可能多的痛苦，从而帮助我们获得尽可能多的快乐，因为它的核心特征在于确保人们可以获得比现实世界更多的愉悦体验。

但理解了这个具体例子后，绝大多数学生仍然认为即使能够获得更多的快乐，他们也不愿意接入这台机器。我认为，这些学生代表了大多数人：我们都实实在在地关心现实，关心实际做一件事情的真实感受，而非在脑中想象出来的虚幻感受。那些愿意接入机器的学生，还需要面临一个挑战："如果你不能分辨两者之间的区别，那么选择接入这台机器还重要吗？"这正是这台机器的特点，你不会察觉自己其实身在其中。尽管实际上你只是躺在一间实验室，与一台大型计算机相连，但你还是会以为自己体验的生活是真实的。那些坚持要接入机器的学生总是会说："如果你认为它是真实的，那两者之间又有何区别呢？"要回答这个问题，学生需要的是认识本体论（"是什么"）和认识论（"我们知道什么"）在哲学上的区别。从"是什么"的角度来看，瓦莱丽躺在实验室里相信自己正在写一本书，与瓦莱丽正坐在笔记本电脑前写一本书之间存在很大差异。即使我不能分辨哪一个才是真实的我，这种区别也依然成立。这个世界并不受限于我们对它的认知。因此，我可以自问我真正关心的是什么。我在乎写一本真实存在的书吗？还是相信我正在写一本书？显然，我关心的是写一本真实存在的人可以真实阅读的书！这又将影响我的思考、规划和选择。我不会选择找一个心理催眠师，让我相信自己已经写了一本书。相反，我会真的动笔写作。

对虚拟现实的思考引出了幻想策略存在的另一个问题，那就是要想实现真的很难！想象一个与现实生活无法区分的模拟生活，需要大量的自我欺骗和对控制机器神经科学家的绝对信任。在现实生活中，特意采用自我欺骗的策略并不容易。首先，在被成功洗脑之前，你必须承认正在试图说服自己相信虚假事物的事实。其次，现实生活通常会让我们在最不希望碰到困难的时候碰上困难。

最后，关于幻想策略和我们当前时代的另类事实、假新闻以及阴谋论，还有一点值得注意。一些读者可能会认为，这些现象正好证明了很多人并不在乎事实。但恕我无法认同。阴谋论确实提供了宏观层面的统一解释，让人有正当理由去相信虚假信息，但如果人们真的不在乎现实，为什么还要费心去相信这些复杂的理论呢？在我看来，尽管在当前的时代背景下另类事实横行，但他们实际上依然非常关心现实，只不过因为其他目标与他们对现实的兴趣产生了冲突，所以他们只好自行创造可以解释各种证据的理论来解决这种冲突。

尽管幻想生活可能会带来一些额外的满足，但在价值观实现的问题上，我坚定地支持现实生活。而要找到正确的价值观，努力追求实现这些价值观，我们需要准确了解自身处境。

在第三章中，我们已经讨论了如何获得更准确的自我认知。不过，我们应该"如何获得有关世界的准确知识"这个问题太过宽泛，任何一个人都无法完整回答。幸运的是，大多数人已经具备了一些常识。我们知道应该以开放的心态评估事实证据，应该对我们不了解的事情保持一份谦卑。当然，要做到这一点并不容易，因为我们倾向于寻求证据证实我们所知的信息，而回避与之相抵触的信息。这种倾向被称为"证实偏差"，而且大多数人身上都能找到。[7]在了解自身优势和劣势方面，这种倾向表现得尤为明显：我们倾向于高估自己，认为自己比实际更出色，也比平均水平更强。显然，绝大多数人都认为自己的车技要高于一般人。[8]但问题是，大家不可能都对！

　　所以，我们知道应该做什么——怀着谦卑和开放的心态寻找证据并进行评估——但要做起来并不容易。好消息是，清楚了解我们的价值观，能激励我们运用已有的这些想法。通常情况下，我们了解了对自己而言什么是重要的后，就会意识到能否获得这些东西其实取决于超越了我们自身思想和感觉的现实世界。这也就是幻想策略对我们无济于事的原因。如果你想攀登山峰的部分原因是为了获得成就感，那你就需要真正去攀登山峰，同时更好地掌握登顶的正确方法。如果你想帮助朋友减轻痛苦，那么了解他所患疾病的症状和治疗方法会对你大有裨益。我们只能通过实际践行这些价值观所规定的标准来实现它们，而不是在脑中幻想。这也为我们提供了一些坚持现实的动力。

即使是在对待自身个性特征的问题上也是如此。如果我关心的是支持哲学领域的女性，那我就需要倾听女性的声音。但如果实际情况是我会全神贯注地聆听每个"哲学兄弟"的言论，可年轻女性开始讲话时我很快就失去了耐心，那么仅仅认为我对男性和女性的意见一视同仁，就是远远不够的。[9]如果我真的重视成为善于倾听的人，那么在朋友们认为我完全沉浸于对话之中时，单靠我一人相信自己是个善于倾听的人，同样是远远不够的。如果我想成为世界级的运动员或音乐家，我就必须达到世界级的公认标准；仅凭自己的感觉并不能让我实现这个目标。价值观对我们提出了要求！要求我们必须去做一些超出自身控制范围的事情，而判断我们是否满足这些要求的唯一方法，就是怀着谦卑和开放的心态去寻找证据支撑。

总结一下：我们已经了解到了要想成功获得对我们而言重要的事物，就需要对自身价值观进行认识和优化。这个过程包括确定你的终极价值观，付诸实践，识别目标之间的冲突，通过找到实现目标的新途径来减少冲突，以及消除不良目标或重新解释它们的真正含义。我们应该时刻牢记终极价值观覆盖的全部范围，其中一般会包括健康、自主、安全以及与其他人的关系。此外，我们还应该对所处环境进行现实评估，了解它们对我们实现这些价值观的能力有何意义。

Chapter 5

不公平文化中的价值观

若是在两百年前，光是女性的身份几乎就能断送我进入大学教授哲学的可能。我还可能因为糖尿病英年早逝，进而严重影响我对价值观的追求。无论是过去还是现在，我都做不到光脚去攀登珠穆朗玛峰，也做不到在英国多佛白崖上玩滑翔伞。当然，这些障碍不能一概而论。女性长期被排除在哲学研究的门外，是因为人类社会的运行规则和性别歧视传统。在胰岛素被发现之前，糖尿病患者的短寿只是一个生物学意义上的事实。光脚攀登的障碍是受到了攀登和双脚属性的天然制约。玩滑翔伞的障碍则主要是因为恐高。我担心自己没有从事哲学研究真本事的原因和我无法光脚攀登珠穆朗玛峰的原因是两码事。

　　这些障碍的一个显著区别在于，有一些障碍是内部的，有一些是外部的。珠穆朗玛峰上的常年积雪是外部障碍。我对高度的恐惧则是内部障碍。实现价值观要面临的种种障碍，也会因为我们看待方式的不同而有所差异。我们认为一些障碍（比如偏见）是不好的，不应该存在，而另一些障碍（比如山的高度）的存在，则更容易为我们所接受。但是要注意，那些我们认为"不好的障碍"，既可以是内部障碍（性别歧视的存在可能让我认为自己不应该成为哲学家），也可以是外部障碍（两百年前，绝大多数大学都不会录取女学生）。还有一点要注意的是，不同类型的障碍在破除难度上也存在差异。其中一些（比如珠穆朗玛峰的高度）是完全无法改变的，而另外一些（比如我对高度的恐惧）也许几年之内就能克服，剩下的一些（比如歧视偏见）则要花更长的时间才能改变。

本章探讨的重点是那些我们认为应该破除的障碍，尤其是那些涉及公平公正问题的障碍。生活在当今美国的性别歧视文化中和生活在一个不能光脚攀登珠穆朗玛峰的世界中，在许多重要方面存在着显著差异。性别歧视文化是许多人都希望改变的，而攀登珠穆朗玛峰的困难则是大多数人都愿意接受的。不公平的社会规范就如同价值观之网上出没的昆虫，应当予以扑杀，而非敬若神明。

显然，性别歧视并不是唯一的罪魁祸首。价值观的实现还会受到许多在我们看来既不公平也不必要存在的事物的阻碍。种族主义就是一个非常明显的例子。在第三章中，我们曾探讨了这会如何影响美国黑人父母的价值观，比如马丁·路德·金悲伤地看到种族歧视降低了女儿对自身的价值判断，或者黑人父母不得不告诫子女如何约束自己的言行，以免遭到不公平对待或伤害。父母重视子女的幸福，而种族主义则妨碍了这一价值观的实现。

我要冒险再次强调一下这个尽人皆知的道理：不

公正往往根深蒂固、盘根错节，以至于我们往往无从下手，难以做出改变。对于基本需求尚未得到满足的人来说，不公正就几乎如同山的高度一样无法改变。我在前言中也曾提到过，这些问题构成了这个世界上数百万人通往幸福的主要障碍，但这也远远超出了我的专业知识范围，所以这一章中，我主要关注的是这些有幸不受基本需求问题困扰的人应该如何应对价值观实现过程中的不公正障碍。

谈论这个问题之所以很重要，是因为前面我对减少冲突的强调可能会对大家有所误导，仿佛我是在说：如果性别歧视阻碍了你的职级晋升，那就别在意事业上的成功了；如果偏见致使他人不愿认真将你视为古典音乐家，那就放弃小提琴吧。毕竟，对于近视的糖尿病患者来说，放弃成为宇航员是明智的选择，但为什么劝女性放弃追求哲学家、牙科医生或者企业高管，却不明智呢？

我认为，问题的答案就在反对不公本身是一种强有力的价值观。它不像赤脚攀登珠峰那样希望渺茫，而是早已成为许多人在意的目标。我们可以找到一群志同道合的朋友，来帮我们相互印证这是一个值得拥有的价值观。当然，重视为正义事业而奋斗并非易事：应对这些对我们和他人造成不利影响，并且应该有所改变的社会因素，会为我们化解价值观冲突带来新的挑战。

关于社会化、
性别歧视和
冲突的现实

　　让我们再次回到工作和生活的平衡这个熟悉的话题，对这些新挑战一探究竟。工作和生活的目标冲突必然受到社会期望和社会限制的影响，对不同群体的影响也各不相同。比如就拿21世纪的美国来说，白人男性通常会因为野心不够大而遭人指责。相比之下，白人女性则通常会因为事业心太强、陪孩子的时间太少，或者压根儿不要孩子而惹人非议；黑人女性会因为工作时间不够长，真正陪孩子的时间又太少而遭人议论，使她们陷入两难境地。在这样的工作狂文化中，每个人都会因为把时间花在了不赚钱的琐事上，或者没有履行正常社会角色应该承担的责任而受人指责。这些社会期望限制了我们重新解释自身价值观的可能性。

　　不仅如此，对于女性来说，一些文化语境下倡导的价值观（比如体贴、顺从、谦卑）也常常与职业发展目标（比如成功、报酬、尊重）之间发生尖锐的冲突。已有不少作家和学者指出，女性的社会化与职业发展目标之间会发生冲突，很大原因就在于男女的工资差距和女性担任高层领导职位的稀缺。[1]想必本书的女性读者大多都经历过类似的目标冲突。不过，我并不认为这个例子只对女性有意义，虽然并不完全相同，但那些重视照顾他人的男性同样会面临类似的冲突。（我不禁注意到，我指出这一点本身其实也是一种顺从。三十年来，我阅读的一些作品主要都由男性作者书写，但他们却从没担心过所举的例子可能并不适用于女性读者！）

就我个人而言，我自己就经历了渴望成为一名优秀的哲学家和渴望受到他人喜欢和认可之间的目标冲突。回顾我的职业生涯，这两个目标产生明显对立的时刻皆是我心中的痛苦回忆。比如有一次在研究生院的研讨会上，我大声为一个观点辩护，但一个学生却以为我是因为生理期才有如此大的反应，问我是不是"大姨妈来了"。比如在一次晚宴上，坐我旁边的同事刚刚赢得了一大笔项目资助，我表示自己有兴趣参加这个项目，可另外一位同事却对我说："哎哟——姑娘，冷静点儿。"比如有一次我演讲完后，在场观众中有位心理学家同我详谈了合作的可能，但在我的一位同事看来，他可能只是想和我上床，所以才表现出合作兴趣。虽然有过这样一些经历，但我仍然觉得自己相对幸运，毕竟我不曾遭受过创伤性的骚扰和侵犯。但成为一位优秀的哲学家和在社交场合受人接纳之间的冲突，同时也是一种根植于性别歧视的冲突，而这无疑对我价值观的整体实现带来了不良影响。

幸运的是，随着年龄的增长，类似的经历逐渐减少。然而，不幸的是，随着我担任学术管理职务，一些由性别引发的新型冲突也随之而来。当女性担任领导职务时，这种新型冲突的诞生背景往往是大家认为强势女性就是"喜欢管人"。我有一双粉色的袜子，上面印着"我不是爱管人，我是在管事"。为什么要在粉色袜子上印这些内容呢？我想这是因为对女性管理者"喜欢管人"的评价，实则是一种侮辱。那些告诉别人应该做什么的女性似乎没有遵守女性应该重视的价值观；她们不够温柔，也不够顺从。在我担任系主任时，我发现这种冲突解决起来尤为困难。（在文科领域，系主任要负责管理教职员工，完成绩效评估、职位晋升以及课程安排等事务；通常意义上，他们要承担的责任很多但实际权力很小。）我找到了一个解决问题的方法。那就是提要求的时候多用一些自嘲和幽默的方式，让这个行为看起来温和一些，不那么有压迫感。这个方法确实有效，但也令人疲惫（还有点贬低自己）。

我还发现自己深受同事之间冲突的困扰。这些冲突不仅会在夜深人静时使我难以入眠，更会在白天占据我清醒的每一秒钟。我希望自己和他人能够和睦相处，也希望他人之间能够和睦相处，同时我还会尽量避免出现分歧，因此，看到聪明人之间发生沟通不畅的问题会让我感到痛苦。那么，我为此都做了些什么呢？我花了大量的时间和精力思考如何帮助每位同事和睦相处，引导大家朝着同一个方向前进。这不仅有助于我实现关怀他人的目标，也有助于实现一些职业发展的目标（因为我认为优秀的管理者应当妥善处理团队内部的分歧）。但这也导致了我研究和教学工作上的折损，而这二者一直都是我对工作的热情所在。我变得难以集中注意力，无法阅读除电子邮件之外的任何内容，也无法清楚思考自己的研究进展。过去几年里，曾在我之前担任系主任的男同事问我为什么不考虑在这个职务上多待几年。在他看来，系主任一职几乎没有什么工作量，而教学任务的减轻给了他更多的时间来做研究。我想他也不会否认自己在做系主任的时候并没有像我一样付出这么多情感劳动。对我来说，管理人际关系占用了我太多时间和精力，我都快没有时间写作了。

我前面描述的是成为优秀的哲学家和做个善良的人之间的目标冲突，是事业成功与关心他人之间的挣扎，也是成为一位出色领导者和受他人欢迎之间的矛盾。因此，化解这些冲突同样可以采用上一章中提到的目标调整、目标优先级排序和重新解释这三种策略。但有一点需要注意，造成这些冲突的社会因素是我们大多数人都希望改变的。这同有限的时间和不可避免的衰老引发的冲突之间存在显著差异。拥有更多的时间固然很好，每周如果多出一天确实能帮我解决一些价值观之间存在的冲突，但这不涉及不公正的问题。我们每周拥有的时间都是一样的，不存在谁多谁少。当然，我们都希望自己不会变老，但我们也知道这是不可避免的自然过程，而非什么不公。我们努力缓解衰老带来的影响，但不会把这种努力当作是在"反对衰老"。然而，工作场所中不公正的社会规范并非不可避免，所以我们许多人才会反对这类歧视和不公。

这对我们思考自己的目标和价值观有两方面重要影响。首先，不公正的社会环境导致的冲突，让我们有充分理由采纳一个全新的价值观：社会变革的价值观。其次，不公平的社会环境对我们的目标造成影响时，我们应该就去思考那些自己从未反思过的目标，那些受到文化吹捧而树立的目标，比如让别人觉得开心和舒服，或者永远不要得罪任何人，都值得我们予以特别的审视。如果我能意识到自己想取悦每个人的渴望其实是由对我不利的文化因素一手造成的，我就会知道和其他职业发展目标相比，这些目标更需要改变。

关于重视社会变革的第一个重要观点，虽然我们在第八章中会再次讨论，但在这里简单引入一下也不是坏事。米莉森特的例子说不定能再次派上用场。为了更好地发挥米莉森特的作用，我们需要将她想象成一只心智水平更接近人类的乌龟——不过，她还是只有两个简单的目标：吃到草莓和回到小溪。现在设想一下其他普通乌龟的情况，它们从未尝过草莓的味道，还有些心胸狭窄，对米莉森特想吃草莓的主意不以为然。这样一来，米莉森特除面临被车撞倒的风险之外，还需要面对同伴的坚决反对。假如米莉森特重视她所在的集体，重视获得同伴的认可，这个社会性事实就又给她增加了一类冲突。那么，重视社会变革将如何在化解冲突上发挥作用呢？首先，可以让她意识到这个障碍并不像小溪的位置那样无法改变，进而让她对草莓的兴趣更容易保持下去。其次，可以让她坚定自己的想法：虽然得不到心胸狭窄的无知同伴的认可，但是想吃草莓并没有错。最后，可以减少想吃草莓和获得认可之间的冲突。在社会变革价值观的帮助下，考虑到同伴存在的心智缺陷，米莉森特可以把获得认可的目标定义为获得合理认可。同时，考虑到要面对的社会因素障碍，她可以把"吃草莓"的目标解读为"在吃草莓的事业上取得进步"。

我并非想用乌龟的不认可来淡化遭受压迫的严重性。但是，相对简单的例子可以剔除现实的干扰因素，有时透过这样的例子，我们反而能够看清事情的真相。在现实世界中，这些条件同样成立。以我个人为例，重视改变哲学领域存在的性别歧视规范让我认识到我所经历的冲突并非一成不变。这让我再次坚定了自己的想法，那就是想把哲学变得和现在不同并非痴人说梦。同时，通过在一定程度上把"成为优秀哲学家"解读成"努力让哲学变得更公平",我发现自己渴望得到他人认可与渴望成为优秀哲学家之间的冲突变少了。总的来说,重视社会变革能够帮助人们以有助于更大程度实现整体目标的方式重新构建价值观。

我所描绘的情景看起来可能是让社会变革的责任落到了正经历不公的人的肩上,并且暗示他们必须将其视为一种目标。但这并非现实生活中的常态,也绝非他们必须承担的义务。有些人受到不公正限制的程度太深,导致他们能做的实在有限。而有时不公正根深蒂固,我们实在难以取得任何进展,重视取得进步也只会让人感到沮丧。要求那些受社会不公正对待程度最深的人来解决问题本身就极不公平。我在这里想要表达的观点其实很简单,那就是如果我们每个人都能重视社会变革,并通过有效方式实现它们,就可能整体上让所有人都能更好地实现自己的价值观。

同样值得注意的是,重视社会变革并不仅仅是受不公正对待的人可以做的选择,即便我们自己没有直接受到不公正对待,但关心他人常常也会引发文化规范和自身价值观之间的冲突。例如查德所属的保守基督教会不肯接纳他异性好友的性少数身份,那他就会陷入关心朋友和在意教会归属感的两难境地,但重视社会变革可以帮助他通过构建价值观体系的方式来减轻这种冲突。具体实现方式可以是为他提供一个寻找更具包容性教会的理由，也可以是允许他将自己的目标解读成努力推动相关的社会变革，来改善朋友的处境。总的来说，一个予以某些成员不公正对待的集体，会给每个与这些受到不公正对待之人有关系的人和每一个重视集体生活道德的人带来冲突。对于拥有相对优渥生活的人来说，这种冲突可能并不像去办公室上班和留在家里照顾生病的孩子之间的冲突那样容易察觉，但它确实存在。这可能会引起莫名的罪恶感和羞耻感，又或者只是悲伤和失望。在价值观体系中，优先考虑社会变革将有助于你理解这些感受，帮助你将其视为对不公正现象的正常反应，而非生活方式出现异常的一种迹象。

在不公平文化中
发现真正重要的事物

认识到不公平的文化规范如何塑造我们的价值观，还会导致第二个重要结果：对这些价值观以及它们引出的内在障碍进行特别审视的需要。这个过程是什么样的？举个例子，女性应该如何思考体贴、善良、谦卑这些价值观？

探讨这个问题之前，我需要澄清一下，并不是每一个人受到文化塑造的方式都是相同的，比如我认识的一些女性虽然也受不公平文化的影响，但并没有像我一样内化这些价值观的有害部分。文化的影响同每个人的独特经历和个性特征之间会相互作用。拿我自己来说，成长过程中身患慢性疾病就对我产生了深远的影响。在我小时候，控制糖尿病的技术远不如今天先进，所以我总觉得自己像个弱不禁风的瓷娃娃。不仅如此，给我看病的医生还说，如果不按他们的要求做——或者在五岁的我看来，就是如果不能让他们满意——那我就有可能失明，脚指头也会掉光。所以在这些经历的影响下，我从小便养成了顺从和取悦他人的习惯。有些女性会从父母、教会或学校那里受到类似的影响，但另外一些女性则会被鼓励要去努力反抗这些不良规训。同理，男性的个性特征和个人经历，也会影响他们对自强和坚韧等社会规范的内化程度。比如，我认识的一些男性就更能理解我的经历，而对约翰·韦恩反倒没什么感觉。这些特征和经历的差异十分重要，但背后存在的一些共同模式也值得讨论。

好了，搞清楚相关语境，接下来就可以探讨具体问题了：比如，我应该如何解释这些价值观？谁会从我对体贴、善良和谦卑内涵的理解方式中受益？这些价值观是否在每个人心中都有着相同的解读方式？我过去（并非刻意）倾向于将体贴和善良解读为永远不能让他人感到失落和失望，将谦卑解读为永远不得对外流露自己的职业兴趣，认为一个试图永远不让他人失望，永远不将个人利益置于首位的人，可能会是一个适合共事的人。但永远不让他人失望的目标和所有对事业成功的理解都无法相容，和心理健康的目标也无法相容。受所有人欢迎的目标、避免让他人失望的目标，还有避免惹怒他人的目标，都是一样的问题。除非你只重视不让他人失望这一件事，否则这些对体贴、善良和谦卑价值观功能的解读就都是错误的。如果你不愿承担让他人失望的风险，那很多事情你都做不了，就像汽车贴纸上写的那样："安分守己的女性很少创造历史。"[2]

但与此同时，体贴、善良和谦卑绝非可有可无，不能像杂草一般被人随便丢弃。我可不愿意成为一个傲慢的浑蛋——哪怕这样可以化解那些影响我实现职业发展目标的冲突！所以，重新解释这些价值观才更像是正确的策略。如果性别歧视影响了我对这些价值观的理解，也许我可以试着重新解释它们，使之不再和我成为优秀哲学家、优秀领导者，还有保持心理健康的目标相冲突。这是完全有可能的。善良的关键在于考虑他人的需求和利益，但这并不意味着总要优先考虑他人的利益，或者满足他们所有的冲动和幻想。谦卑的关键在于不要自视高人一等，也不要认为自己的话就比别人的重要，但这也不意味着要妄自菲薄。换言之，我们不必将不公平社会化灌输的一般价值观理解为要对自己施加不公平的要求。

值得注意的是，在刻板印象下的女性价值观和职业发展目标之间的冲突中，取得事业成功的概念可能也需要调整。做个"优秀哲学家"和"高效领导者"的定义，也会受到对女性（以及对有色人种男性，虽然影响方式不同）不公平的文化规范的影响。但事业成功还存在其他的解读方式。这一点在人才管理方式上体现得尤为明显。好老板不会搞一言堂，而是会帮助员工充分发挥各自的才能，通过激励方式来管理团队。卓越的领导者同时具备体贴、善良和谦卑的品格，其实不难想象，倒是同时具备体贴、善良和谦卑品格的哲学家或许还有些让人难以置信。不过，相较于我的研究生时期，我们现在已经在这方面取得了一些进步！

男性同样会经历一些值得特别审视的冲突。比如，他们在社会化过程中常常被灌输要重视独立、力量和自信的种种观念，而且还要通过一些特定的方式去解读这些价值观。比如，对于我父亲那代人来说，约翰·韦恩饰演的硬汉形象就是力量的象征：不仅体格上要健壮，精神上同样要坚忍（不能流露任何情绪）。虽然这种社会化如今在一定程度上可能已经不如我父亲那一代强烈，但并没有完全消失。比如2020年时，一位名叫罗伯特·沃恩的男护士在尚卡尔·韦丹塔姆主持的播客节目《隐藏的大脑》[3]（*Hidden Brain*）中接受采访时，就曾坦言：

我认为，许多打算从事医疗行业的男性都对健康和健身很感兴趣，希望自己保持健康、保持身材、保持活力，所以会参与很多活动，比如马拉松比赛、举重比赛、健美比赛。我觉得他们这样做的一部分原因，可能是为了告诉旁人，哎，你看，我可不是那种温顺的人，或者没有男子气概的人，或者大家刻板印象里的那种男护士。他们那么做，是在反抗大家对于男性护士的刻板印象，是在说，你知道吧，我可不是那种男护士。我在其他方面可是很男人的。

沃恩的意思是，对于一些从事护理工作的男性来说，表现出符合男性刻板印象的形象是他们的一个目标。曾经在这档播客节目中接受采访的心理学家珍妮弗·博松发现，这通常是一种隐藏动机。专注于男性气质研究的博松曾做过一项对照实验，让一组男性完成符合女性刻板印象的任务（比如编辫子），另外一组完成更符合男子气质的任务（比如编绳子）。[4]参加实验的两组男性都被事先告知任务过程会被录像，而且出于研究需要，录像之后还会给其他人看。之后，实验人员又让两组男性在解谜游戏和击打沙袋之间选一个任务来完成。结果，据博松说，编辫子的男性要比编绳子的那组更倾向于选择击打沙袋。对于这些发现，她的解释是，不想被视为软弱或缺乏男子气是一种非意识目标，在男性做了什么对其产生威胁的事（编辫子）之后便会被激活。

如果博松的观点正确，那一些男护士经历的其实就是职业发展的目标和遵从男性刻板印象的隐藏目标之间的冲突。在这种情况下，一些男护士可能会放弃自己的职业，转而去做卡车司机、建筑工人或者牙科医生。但这似乎并不是化解此类冲突的最佳方案，尤其是对于那些已经花了多年时间来接受专业培训，并且认为这份工作很有意义的人来说。那么，作为替代方案，男护士或我也许可以改变那些为我们带来困难的隐藏动机或者一部分个性。比如，认识到渴望成为像约翰·韦恩一样的人其实是不公平文化的产物后，从事护理工作的男性便可以试着摆脱这种观念了。

但正如我们已经了解到的那样，清除目标可能困难重重。因此，我们可以再次考虑重新解释价值观的应对策略。比如，如果将"男子气"理解为与健康有关、与工作无关，那拥有一些典型的男性爱好可能是一个很好的选择。只要能够实现"男子气"这一根本目标，且不会牺牲工作的价值观（或其他重要价值观，比如与其他人的关系），那么重新解释的方式就能起到很好的效果，减少冲突，特别是当"男子气"的爱好既能让人身心愉悦，又很适合本人的时候。诚然，有些证明自己具有男子气的方法可能具有更大的破坏性。所以，确认陷入冲突的目标，并认识到比如举重可以作为实现一个目标且不必牺牲另一个目标，进而化解冲突时，就是一种自我理解的成就，甚至有可能防止我们养成坏习惯。一个人如果知道自己为什么练举重，就能更妥善地应对受伤，以及阻止他继续从事这一兴趣爱好的其他障碍。而对于那些无法改变自己对"男子气"看法的人，可能把举重换成别的能让他们自我感觉不错的活动，会是更好的选择。

男性的社会化还可能导致其他冲突。那些被教导要独立、坚强和自信的男性，内心可能存在永远不向他人寻求帮助，或者永远不承认自己也有不懂之处的隐藏目标。这些目标会和各种类型的价值观发生冲突，比如成为情感敏锐的父母这个价值观。[5]重新解释价值观的方法在这里同样适用。能不能辨认出"杂草"，然后将其拔除？如果没有，那能不能重新解释某些价值观？能不能把寻求帮助也视为力量的一种，毕竟这需要违抗他人的期许？能不能把承认自己存在不解之处当作一种自信，毕竟你要内心足够强大才能坦然面对自己的缺点？时刻关注社会环境影响我们价值观的方式，可以让我们对这些价值观进行特别的审视，进而去思考那些自己不曾考虑过问题。

我们的价值观不可避免地受到了集体和文化的影响。有时候，这会引发冲突，致使我们难以实现自己的价值观。了解我们所处的社会现实，不但可以帮助我们看清反对不公正障碍的价值（哪怕这些障碍改变起来并不简单），获得一些自我认知，还可以让我们看清一些自己不曾注意到的机会——毕竟，如果我们把某些社会现实视作天然存在的客观障碍，就像山的高度那样难以改变，就无法注意到这些机会。当然，影响我们个性和行为的文化力量有可能不会受到追捧，也有可能不会像山一样难以改变，但这些力量的作用仍然不容忽视。大家可能会想，如果出现识别、重新调整、重新解释这些策略通通失效的情况，我们该怎么办。不必担心，第六章就将探讨应对冲突的其他选择。

当所有策略
尽数失效时

如前所述，能够做对自己重要的事情于我们自身有益，但我们并不总是明白什么事情是（最）重要的，或者说其重要性会如何体现，而相关的冲突经历会驱使我们寻找问题背后的答案。在充分了解的基础上，我们可以尝试完善自己的价值观和目标体系，不断调整、适时扬弃、重新解释自己的价值观，实现对原本相互冲突价值观的共同追求。但当这些策略尽数失效的时候，我们应该怎么办？面对使用任何已知方法都不能减少的永久性冲突，我们又能做些什么？这些失败是否意味着我们走错了方向？

与无法改变的
事实达成和解

对于我担任系主任时期的内心独白，一些读者可能会认为我不应该如此多愁多虑！不要在乎别人怎么想！如果我能够放下一些女性（还有糖尿病患者）社会化过程中鼓动我养成的目标，拿钱走人会成为我新的办事风格（在许多大学，包括我所在的大学，担任系主任会有额外的工资）。这个世界上肯定不乏比我更加成功克服这些女性社会规范洗脑的女性。

但是，借用大力水手波派的话来说：我就是我，受到内在冲突困扰的我。简单来说，做不到的事就是做不到，因为我们的目标和隐藏动机可能会异常顽固。在这种情况下，如果我们认为自己不应该那么关心别人的看法，或者不应该过于追求财富，但却见效甚微，又该怎么办呢？

　　对于我们认为不可取但又无法改变的目标，退而求其次的方法是尝试从不完美中找到让人会心一笑的小幽默。举个例子，假设你是男护士，然后逐渐意识到自己之所以对举重感兴趣，在一定程度上是因为想让自己显得更有男子气概。假设你其实并不欣赏自己对男子气概的追求，并不认为传统的男子气概是你应该秉持的重要价值观，但又同时意识到这是你个性中难以摆脱的一部分。那么，一种做法就是接受不完美，但不用打心底里支持它，就像对待朋友身上的缺点那样，比如，"多姆就是那样的人嘛，老是为钱担心。一起吃饭时老让别人买单，确实很烦人，但他其实并不吝啬"。或者是，"没错，沃尔特确实自认为很懂葡萄酒，但你也可以拿这件事跟他开玩笑啊"。同样，我们也可以大方承认我们和自己看重的事物之间存在着某种紧张关系，然后以此来开开玩笑，努力不让它们鼓动我们做出有害的事情。想到自己对男子气概的无意追求，你不妨笑一笑，因为这并不会影响你对追求力量的欣赏，也不会影响你享受健身房里其他人投来的羡慕眼光。

当然，这些幽默里肯定要包含一点儿同情心。我虽然觉得自己不配享受现在拥有的一切，又想博得每个人的喜欢，但我可以选择对这个渺小的我多一点儿同情。欢迎加入派对，冒名顶替综合征！[1] 我第一次了解到这种态度，是在一次冥想引导中。冥想专家杰夫·沃伦建议说，如果我们察觉到自己有不好的情绪和想法，可以选择"欢迎它们加入派对"，不带任何评判把它们接纳为情绪和想法的一部分。这和拿我们觉得自己不应该拥有的不完美开玩笑十分相似，是一种通过不把它们视为敌人来削弱其影响的方式。如果冥想专家的说法正确，那么欢迎我们对自己不喜欢的部分"加入派对"——接纳自己的不完美，不去过度自我批评，能拿这些缺点开玩笑——可能也不失为脱离这些不完美因素掌握的好方法。我也确实发现给自己的一些感觉贴上"冒名顶替综合征"的标签后，身上的自卑感减轻了不少。

事实上，我们以这种方式和自己的不完美"达成和解"时，是在降低这些不完美在目标和价值观体系中的等级，是在说"追求取悦每个人不是一种价值观，只是个性中的一个怪癖"，或者"在意传统男子气概的培养不是我优先考虑的目标，只是有害社会化的产物"。正因如此，接受这些不完美虽然不能完全化解冲突，但也不会让我们对自己的价值观感到不安。如前所述，通常情况下，冲突会引起我们对自己价值观的怀疑，会促使我们深入发现对我们而言重要的事物，并对其进行完善。当我们同意接受那些与我们重要目标相抵触的自身缺点时，冲突虽然依旧存在，但我们已经成功打压了它的气焰。

达成和解并不单单只是和你拒绝接受的目标共存，任由它们在你生活中占据重要位置。采取"与其达成和解"的策略不是走捷径，而是意味着拒绝把令人不快的目标视为价值观。但这不是嘴上说说就行了，而是要下点功夫才能做到，不然很容易就会回到过去的旧模式之中，甩不掉又派不上用处的自身缺点又会开始煽风点火，引发冲突。邀请我内心渴望讨好他人的小人参与派对，并不等同于邀请她进入目标和价值观体系的领导层，我必须对她试图掌控一切的举动时刻保持警惕。正如上一章中所言，我们可以通过明确自己对改变导致我们养成有害目标的邪恶塑造力量的重视，来走出冲突的困境。但在反抗这些社会规范，防止内心出现更多渴望讨好他人的小人的过程中，我发现把内心那种想要讨好他人的想法纳入价值观体系，但是并不重视它，做起来更为容易。

再次以园艺为例。我们个性中的某些特征有一点儿像天气——对此你几乎无能为力——你无法在沙漠里种植大黄，而我也无法做到心无愧疚地咄咄逼人。往大了说，大多数人看重的价值观里，其实都有一些是我们希望自己不必在意或者能换一种方式去看待的。这无疑在实现方式上限制了我们重塑其他目标的可能性。通往价值观实现的道路需要我们结合自身条件，在能够达成和解的范围内做出妥协。

然而，这是唯一的途径吗？

对价值观体系
进行彻底变革

到目前为止，我们所考虑的各种策略可以说其实都相当保守。无论是识别出不好的价值观，重新解释好的价值观，还是为了确保拥有正确的价值观寻求证据支撑，我们始终需要依赖已有的其他价值观。这话我已经强调过多次了：不存在完全不依赖价值观的视角来一次性评估我们的全部价值观。但如果我们的价值观从头到尾全都是错的呢？如果我们真的需要对整个价值观体系进行彻底变革，或者需要对其中的关键和核心概念进行重大改变呢？如果培育价值观的土壤本就是一片充满毒性的废弃之地，我们需要把里面生长多年的橡树连根拔起，或者得把整片土壤都替换掉呢？

一个人有时只有对价值观体系进行彻底变革，完成"价值观体系大移植"，才能最大限度实现自己的价值观。如果一个人的价值观全都是由自己不感兴趣的外部力量塑造而成，那他最后可能会发现自己的价值观根本一无是处，所以单靠对现有价值观的缝缝补补也无济于事。不幸的是，大多数身处这种境地的人都不曾拥有选择"价值观体系大移植"手术的自由。如果你的价值观体系已经受到了家庭暴力和文化压迫的成功塑造，那你在寻求替代方案上的自由多半也会受到限制。这是一个严重的道德问题，完全值得专门写本书来讨论（事实上，这样的书也有不少）。[2]本章剩下的内容将重点关注那些相同处境下有能力考虑开展重大变革的人。

我不曾经历过价值观体系的重大变革，在这一点上，我无法提供任何与之相关的个人经验。相反，我对这一话题的思考其实是受到那些经历过价值观体系重大变革之人的自传和人生故事的影响。比如，塔拉·韦斯特弗的《你当像鸟飞往你的山》[3]就是一个发人深省的例子。韦斯特弗的父母都是信奉原教旨主义的摩门教徒，笃信末日即将降临，不相信现代医学。她父亲经营一家垃圾废料厂，平日里会让孩子们搬运危险重物，全然不顾背后存在的巨大风险。几乎每个孩子都因此出过事故或受过重伤，还得不到有效治疗。韦斯特弗从父母那里继承来的价值观让她生病受伤，还让她失去了接受教育的机会，而上学本来是她的一个愿望。

读这本自传时，很多时候我都无法理解为什么对

田丁

她来说逃离那个疯狂又危险的原生家庭是如此困难。但她用该书向我们展示了为什么彻底变革在外界看来理所应当，可实际上要进行起来却会遭遇千难万险。最后，韦斯特弗不得不与大多数家庭成员断绝关系。尽管如此，家人之间还是存在最为真挚的爱，这份情感常常让她对自己的"叛逆"产生怀疑。韦斯特弗在重视家庭关系的环境中长大，而这就意味着她长大成人之后，必须关心和在乎家人，必须认为他们的幸福对自己的生活质量而言很重要。所有的价值观，哪怕是需要改变的价值观，最后也是由情绪、欲望、判断三者缺一不可的综合模式在背后支撑。彻底的变革将造成翻天覆地的影响，选择做一些"惊天动地"的事情是非常困难的。

韦斯特弗的经历虽然极端，但大致上和那些因为追求实现其他价值观而与家庭、宗教、文化决裂之人的经历大同小异。性少数群体中不受原生家庭认可的人就常常面临这种处境。他们开始新生活后，不得不放弃许多在成长过程中收获的友谊、集体、理想性格和其他价值观。反叛文化的革命者和活动家必须对他们所拥有的那些和自身文化相关的价值观进行彻底变革。离婚有时是价值观发生重大变革之后的结果，对于那些因为认识到婚姻深受性别歧视规范影响而提出离婚的女性更是如此。当一个女人意识到自己承担了所有家务，且自己的需求总是被排在相对次要的位置，丈夫对她的想法也不是十分在意时，她就可能认为只有离婚才是唯一能够尊重自己的选择。这对于整个价值观体系来说并不是一个简单的小改变，特别是还有子女的时候。至少对于一些女性而言，离婚是一场重大的变革，涉及从自我形象到财务安全，再到度假计划等诸多方面。

正如这些例子所表明的那样，价值观的彻底变革是一个程度问题。而它们的共同点就在于价值观之网的某个关键结点出了问题，需要改变。到目前为止，我们在完善自身目标体系的过程中，都一直将终极价值观作为判断准则，可万一从此不能再依赖这些判断准则，万一被视为终极价值观的东西（比如家庭、婚姻、信仰、集体）正是造成痛苦的来源，我们又该怎么办呢？

那些正在受自己基本价值观伤害的人，就如同正被巨浪拍击一样，需要抓紧一些东西来稳住自己，来告诉他们哪一个方向才是上游的方向。如果你从未受过巨浪的拍打，我可以告诉你，那可是一种会让人迷失方向的体验！我相信那些有理由怀疑自身基本价值观的人也会有类似迷失方向的感受。因此，应该怎么办的问题，实际上是应该抓住什么的问题。那么，我们能够抓住或者说信任什么呢？

或许我们希望他人投下救生绳。但救生索有两个问题：必须有人抓着其中一端，你也必须下定决心抓住另一端。当你在水中绝望无助的时候，只要身边有东西，你都会紧紧抓住，但这没有解决要抓住对你而言重要事物的问题。我认为，应该抓住什么这个问题，必须通过我们已经紧握在手心的事物来解决。我已经把这个隐喻的意义引申到极限了，那就不妨在此点题吧：当基本价值观有害时，我们可以通过诉诸自己目标追求本能中更为本质的基本特征，来改变这些基本价值观。我们可以将价值观体系的彻底变革，理解为对我们在心理上无法割舍的本质基本目标做出回应。

第二章中提到的人类目标追求本能背后的心理学原理，正好能在这里派上用场，帮助我们理解这句话的含义。有一些基本心理动机，几乎人人都有，而且是从婴儿时期就有的，比如对舒适和安全的需求，对新奇和刺激的追求，对自主（掌控生活）的渴望，对能力（能做想做之事的技能）的向往，还有和他人建立联系的愿望。这些是我们漂泊无依，在经受巨浪拍打时能抓住的东西。

情绪是构成价值观的另一个基本要素。回顾前面章节的内容，看某样事物就包括对其产生好感的倾向。看重家庭，一定程度上就是在陪伴家人时感到快乐。看重工作，一定程度上就是干得出色时会感到自豪。看重跑步，就是享受跑步。看重为人父母，就是孩子说你是世界上最好的爸爸或者妈妈时会感到骄傲。看重音乐，就是有机会去现场看自己最喜欢的乐队时会很激动。情绪是我们重视事物能力中重要的组成部分。如果想要进行彻底的变革，我们就必须找到一些能够让自己有情绪反应的事物。

所以，怀疑某些核心目标和价值观可能出了问题时，我们依然拥有一些可以锚定自身的东西，比如基本动机和情感。从某种角度上说，它们为我们提供了坚实的岩石地基，是我们在构建更好价值观体系的过程中可以无条件依赖的东西。读到这里我想你可能已经猜到了，在价值观的问题上，我并不太相信这些岩石地基的作用，可即便如此，我依然认为在考虑进行彻底变革的时候，这些基本动机和情感可以被当作可信赖的救生筏。因为它们是我们最为稳定的平台，依靠它们总比溺水要好。

塔拉·韦斯特弗的经历其实也可以这么来解释。在生活发生激烈震荡的时候，她抓住的东西是什么？是怎么做到的？她抓住的是自己的动机和情感——是父亲和兄弟对她的伤害，是其他同样受到父亲无理折磨的兄弟姐妹的爱，是她对探索世界的巨大好奇心。求知欲让她在没有高中文凭的情况下，也依然想尽办法学习，通过自学考到了美国杨百翰大学，后又在剑桥大学获得历史学博士学位。该书的英文书名 *Educated*（直译为"接受教育"），正是让她有能力做出改变众多价值观决定的诸多目标之一（虽然最初是一个隐藏目标）。

那些得不到他人支持、在不友善集体环境中长大的人，同样可以用基本需求和情感来稳住自己。比如，性少数群体中就有许多人通过把家庭的含义重新解读为"我们选择的家人"，来保持"家庭"这一价值观。同他人建立联系这个基本目标的定义，也发生了变化，成了同那些不仅能让他们实现自己的价值观，还能让他们在此过程中得到支持的一群人建立联系。那些认识到婚姻的压迫性而选择离婚的女性，依靠的则是自尊、自治和自身能力的价值观。做出这些调整都需要付出沉重的代价，舍弃过去的基本价值观是一种实实在在的损失——即便换取到的好处是历经重大变革的价值观体系会给我们带来更大的幸福。取舍之间皆有代价，但改变基本价值观可能还是要更有性价比。

总结一下，要过上美好的生活，我们需要有能力追求并实现对自己而言真正重要的事情。换句话说，需要有能力实现目标，尤其是那些至关重要的目标——价值观。一旦明确认识到自己的价值观以及可能存在的冲突，我们就具备了解决问题的策略。通过和核心价值观之间关系的对比，审视我们拥有的次要目标、信仰和渴望；识别并剔除与核心价值观不一致的目标和价值观；充分利用大脑的巨大灵活性，重新解释价值观，使其与信仰、情感和环境相协调。当我们无法与现状和谐相处时，则可以考虑采取与其达成和解，以及进行彻底变革的策略。即使彻底变革是最佳选择，我们还得从自身出发。

Chapter 7

其他人的价值

如果你一直读到了这里（我猜你读到了），那你可能已经注意到，我其实并没有告诉你应该重视什么。我不愿意假设关于价值观的事实就"摆在那里"等着你去发现，就如同我们可以探索乌龟的天然饮食一样。不愿意做出这样的假设，是因为我根本就不相信存在这样的事实；在我看来，决定什么事物是重要的是我们这些拥有相同价值观的人。这或许会让你觉得"那我们怎么选择都对"，或者说更具体一些，觉得完全不考虑他人，只想着自身和实现自己的目标，会更好。或许"什么重要取决于对谁而言重要"这种观点，多少包含了一种坚定的我行我素。

但是，"怎么选择都对"绝非我们应该得出的正确结论。如前所述，绝大多数人都有重视舒适、安全、新奇、刺激、自主、能力以及与他人建立关系这些价值观，我们可以找到新方式去实现它们，但无法像去死皮一样将其从价值观体系中清除干净。在前面所举的绝大多数例子中，与他人建立关系的价值观一直都起着充当背景的作用，并没有被拿出来单独讨论过。但事实是，建立人际关系的需要几乎对于所有人而言都至关重要。

与他人建立关系的需要也有其存在的特殊意义。

因为我们对他人的依赖，不仅会影响我们自己的生活，还会影响我们对待他人的方式。在本章中，我们将探讨两大话题。第一，其他人如何通过不同方式与我们的价值观交织到一起；第二，这对我们应该如何对待他人有何意义。

花园中的
其他人

我们都知道，人类是社会性动物。我们生来便弱小无力，且在一生中（与那些可以对我们造成威胁的力量相比）也一直会相对弱小。作为一个物种，我们如果不团结互助，就无法生存下来。因此，我们进化出了许多"群体化"倾向。进化生物学家约瑟夫·亨里奇认为，人类在进化上如此成功的原因，就在于我们拥有社交智慧。[1]他写道，如果没有合作与相互学习的能力，我们的足迹就无法遍布地球上的每一个生态位。对于个体而言，人是"社会性物种"这一事实意味着我们会很在乎他人，也很在意别人对我们的看法。总体而言，我们渴望拥有归属感，想要和其他人一同玩乐，想要得到他人的喜欢。

针对我们与他人建立关系需要的话题，前人已经做了相当多的社会科学研究。不管是研究幸福的哲学理论，还是心理学理论，都把同他人建立关系、建立友谊和亲密关系的需要列为人类的基本需求之一。[2]我们关心彼此，一同出力，互相学习。换言之，我们的花园里还有其他人。

当然，他们有时也会践踏我们的花花草草，成为我们实现价值观的绊脚石。这一点并不难理解，我们在前面两章中已经看过不少例子：他人不断强化而形成的性别歧视规范限制了不同年龄段女性的发展；他人心中挥之不去的种族歧视观念限制了黑人的发展，甚至威胁到了他们的生命安全；思想狭隘、性格古板的父母限制了子女成为真实的自己；丈夫不喜欢吃甜点限制了我追求为他人制作精美蛋糕的目标；尊巴舞教练的课程安排意味着我无法随时欣赏她的舞蹈设计；妹妹搬到洛杉矶之后我不能常常见到她。其他人能够限制我们的部分原因，恰恰在于他们已经成为我们深深看重事物的一部分：我不想自己一个人吃蛋糕，不想自己一个人跳舞，也不想一年只见妹妹一次。不管其他人对我们实现目标的牵绊有多深，我们都无法脱离他们独自生活。

对于大多数人来说，其他人至少会以两种不同方式存在于我们的价值观体系中。首先，我们重视其他人。其次，我们重视需要其他人参与和获得其他人认可的各种活动。就第一点而言，如果你已经为人父母，应该可以明显感受到什么叫因为他人本身而重视他们。我记得父亲曾告诉我，如果能够代替我承受先天性糖尿病的痛苦，他不会有一分一秒的迟疑。我相信他说这番话必然出于真心，不是因为知道代替他人生病不可能就这么随口一说。父母在乎子女的幸福，所以甘愿为他们做出巨大牺牲。当然，我们是在漫长的进化中形成了这种对子女的情感——那些不愿为子女做出任何牺牲的父母未能成功传递基因。但漫长的进化和我们当前持有的这些价值观无关。父亲关心我，希望我过得好，是因为爱我，而不是因为他是人类进化的产物。进化可能是导致人们对子女产生此类强烈情感倾向的原因，但不是我们重视别人的原因。

　　我虽然没有孩子，但是我也有在乎的人。我关心父母、丈夫、姊妹、外甥女、朋友，甚至还有一些同事！但我关心他们，并不仅仅是因为他们能让我快乐（有时也会让我不快）。当然，我也从这些关系中得到了不少好处——姊妹们让我开怀大笑，朋友丽莎从来都不曾忘记我的生日，等等——但这并不能完全概括我看重他们的全部情况。我希望他们过得好，比如他们获得成功时，我会发自内心地感到欢欣鼓舞。一些伦理学新生读到这里可能会有些困扰，可能会说如果我希望这些人幸福，那么他们的幸福就成了我出于一些自私原因（因为我想得到它！）而追求的东西。这是一个基本的哲学误区：我想要一件东西，并不代表我是为了满足自己的个人利益。有时，我想要的这个东西，或者说象征美好的目标，可能是其他人的成功和幸福。这一目标得到实现时我会感到满足，但这并没有改变我的初衷是想让其他人获得成功和幸福的事实。[3] 因此，我们重视的是其他人本身，除此之外别无他物。我并不是说每个人都一定是以这种方式重视其他人，但绝大多数人确实如此。

其他人进入我们价值观体系的第二种方式，则与我们另外一些依赖其他人的价值观密不可分，因为许多我们重视的事物都有其社交维度。比如，团体活动就是一个显而易见的例子。如果你重视团队运动，就必须找到其他人共同参与。如果你重视成为合唱团、乐队或管弦乐团的一员，就必须依赖其他音乐家。如果你重视成为教会成员，就必须依赖他人与你一同完成宗教活动。这样的例子数不胜数。

即便是独立完成的活动，我们也能从中看到人类之间的相互依赖。我重视写作，这是一项对独立性要求很高的活动。但丈夫在身边时（疫情封锁期间的一个问题），我要想写作会很难，因为他总是静不下来，时不时制造出各种噪声。但大多数作家又都期望有一个现成的读者。写作主要是为了向其他人传达一些信息，所以在关键的时候，其他人的反馈对作家的成功来说非同小可。我的一位同事是喜欢乐高，拼出了许多令人惊叹的模型和马赛克像素壁画。这也是一项独立完成的活动，但他拼乐高却是为了其他人：他平时会参加乐高比赛，还会写一些和乐高相关的博客。跑步可以是一项非常孤独的运动，但我认识的跑者都会参加一些跑步团体，还会在手机上下载一些相关软件，方便和其他跑者分享跑步经历。爱好举重的人会去健身房里和其他人比较举重成绩，舞者会和其他人一起上舞蹈课，厨师不光为其他人做饭，还会阅读其他人写的厨艺博客。哪怕是喜欢读小说的人，也会加入读书俱乐部！

　　我们还重视自己在这个世界中要依赖他人的存在方式——个性的不同侧面。比如，大多数人不光想拥有朋友，更希望自己成为他人的好朋友。如果朋友认为你是一个不可靠的自大狂，那你就不是什么好朋友。当然，你也可以换一种交朋友的方式，不去在乎其他人是不是把你当好朋友。但真这样的话，你们的关系还算是友情吗？哪怕还算是，这也不是我想要的那种友情。你可能有一些因为看上了你的金钱、相貌、人脉，才关心你的朋友，他们并不关心你是否算得上是个好朋友。但如果你想有那种长期关心你的朋友，你也要关心对方才行。这一点对于家庭（无论是血缘的还是选择的）以及与家庭成员的关系也一样。父母希望自己是好父母，儿女希望自己也是好儿女。或者团队成员希望自己具有团队精神，等等。我们对许多关系的重视是多方面的。我们在乎其他人，在乎我们一起做的事，也在乎同其他人的相处方式。许多我们关心在乎的事情，都要依赖他人做出的回应。

因此，我们有许多价值观在各个方面都与他人紧密相连。他人的言语和行为以及对我们的看法，都决定了我们的许多价值观是否能够得到实现。我们希望所爱之人永远健康，永远支持我们。我们的生活需要他人的参与，需要他人和我们一起参加各种无法独立完成的活动。我们需要（一部分）他人的认可。这并不是一个需要克服的缺陷和弱点，而是我们的本性。

我们也比较倾向于喜欢本性中的这一部分。只要想一想就知道，和我们对高脂肪和高盐食物的渴望不同，和他人建立关系的本性几乎是所有人都会欣然接受的。或者反过来想一下，如果我们没有群体化倾向和依赖他人的需要，生活会变成什么样？假如一个人的价值观体系中完全没有他人的位置，只关心金钱、权力和成功，并且为了实现自己的野心，从不在乎别人要付出什么代价，那这个人会怎样？现实生活中很难找到这样的人（虽然近来有一些臭名昭著的例子），但文学作品中却不乏这样的角色，比如狄更斯笔下的守财奴埃比尼泽·斯克鲁奇。这类人通常会饱受评判，之后还会受到惩罚。但凡是拥有重视其他人价值观的人，都不会羡慕或想要拥有这种生活方式。

或者假想一下，某个人在价值观上和你完全一致，而且对于别人认为她走错了路，并不会有一丝一毫的不安。朋友全都认为她不该加入那个教会，家里人都认为她喜欢棒球是在浪费时间，伴侣认为她的财务安全目标过于理想化，所有认识她的人都认为她不该支持某政治团体。没有一个人觉得她是个好朋友、好女儿、好妻子、好姐妹。但她完全不在乎他们的看法，因为她一向认为别人的意见对她的价值观而言无关紧要。我们能想得出这种人是什么样的吗？在乎"友谊"却不在乎朋友意见？关心政治，但不关心集体中其他人的看法？重视自己的信仰，但不在意是否还有其他信众？实在太难想象了，但就算能想出来，我想要表达的也是这似乎并不是一种很有吸引力的生活方式。

综上所述，人是社会性动物，一个人的幸福很大程度上取决于其他人。那么，这对我们应该重视什么、如何化解目标之间冲突有何意义？意义就是不是所有的选择都一样好。尊重我们与他人建立关系的需求的人，更容易成功。也就是说，我们在反思和重新解释价值观时，可以考虑一下与他人建立关系的需要，以及生活中的其他人。当然，这并不意味着我们要忘记自己的兴趣、才能、喜好和厌恶——这些同样重要——但他人对于我们价值观体系的影响，可能要比想象中更为深远，而这种影响对于我们选择化解冲突的策略非常重要。

重视其他人的重要性在一些方面不言而喻。有不少自助建议表明，如果我们想改变生活中的某些事，比如戒烟、加强锻炼、学习编织，就应该去寻找拥有相同目标的其他人。如果可以找到一起戒烟的朋友，在孩子踢足球的时候一起锻炼，加入编织爱好者俱乐部，你就更可能享受做出这些改变的过程，也更可能坚持下去。再举一个相对隐晦的例子，如果我们因为其他价值观的实现受到了阻碍，而想要放弃现有的集体价值观（充满压迫的家庭关系，或者不够包容的宗教团体），那么找到新的集体为我们提供支持，就会达到事半功倍的效果。

这一小节中集中，我们讨论了花园中的其他人如何影响我们开展"园艺工作"。现在，我想转向另外一个话题，讨论一下我们能为他人的花园做些什么。

其他人的
价值观

我一直把本书的目标读者预设为那些关心他人的人。如果你也是其中之一，那么我提出的价值观和目标冲突应对方式，能为你提供有关如何对待他人的指导吗？本书里的这些价值观策略，可以告诉我们是否应该帮助他人打理他们的花园，或者应该从哪里入手吗？第一个问题的答案很简单：如果你认为实现价值观对一个人获得美好生活很重要，那你同样会想帮助自己关心在乎的人实现他们的价值观。这就是想为他

　　　　　　　　Chapter 7　其他人的价值

人谋求最大利益的具体含义。但回答如何做到这一点的问题就要复杂得多。

我们先从简单的案例入手吧。假设在你看来，朋友或所爱之人拥有的价值观已经相当不错了。虽然你们在重视方式上存在一定程度的差异，但你和朋友的价值观在类型上是一致的，同时你还认为她现在的大方向也好，在价值观的选择上也正确。这时，你可以做一些实质性的事情，来帮助朋友提升实现已有重要目标的能力，这是第一种提供帮助的方式。如果你自己就是这些价值观的一部分，则会很容易上手。如果朋友重视你以及你们的友谊，那么通过做一个称职的朋友，你就为她实现这个价值观提供了帮助。但就算你不是他们价值观的一部分，也还是有一些事可做。比如，你可以帮助为人父母的朋友照顾孩子；可以给朋友发起的网络众筹项目捐款，帮助她实现攀登珠穆朗玛峰的梦想；可以向喜欢编织的朋友推荐新开的毛线店；可以对喜欢跑步的朋友嘘寒问暖，问问马拉松比赛准备得怎样了；可以品尝喜欢烘焙的朋友新鲜出炉的面包。总之，你可以通过各种鼓励和支持，来帮助朋友实现他们的各种目标。

我在书中给出的目标冲突应对方法，引出了第二种提供帮助的方式。我们可以通过与朋友一起深入讨论他们的冲突，帮他们理清其中的关键问题，找到解决方案的不同选择，从而帮助他们实现价值观。换言之，我们可以与他们一起执行解决冲突的各种策略，来为他们提供支持。在第三章中，因为其他人有时可以看到我们忽略的事情，我们讨论了可以如何从他人那里了解哪些才是最适合我们的价值观这个话题。没错，他们也可以从我们这里了解什么才是最适合他们的价值观。我们可以向朋友分享自己的观察，谈一谈在我们眼中，哪一些事情会让他们为之一振，哪一些会让他们一蹶不振。

请记住，化解冲突的一个关键策略是重新解释价值观，让不同价值观相处更加融洽。在这一点上，我们也可以为朋友提供帮助，让他们在已有考虑范围之外，认识到还有更多重新解释价值观的可能。也许心怀攀登珠穆朗玛峰梦想的朋友，之前从未考虑过其实还可以攀登同样有趣但距离上要近一点儿的山峰。也许喜欢跑步的朋友刚刚扭伤了膝盖，那你可以向他推荐一些别的运动方式。也许朋友为了做个完美妈妈，已经心力交瘁，正需要你给她讲讲那种让孩子吃饱穿暖就好的育儿方式。我们可以帮助朋友重新审视他们的选择，将其看作一种转变，而非一种失败。朋友之间可以相互支持，帮助对方获得看待成功的不同视角，朋友之间就价值观问题达成的一致，可以让这种视角上的转变看起来更有韧性，而不是更加可悲。

在我们无法理解他人时：
对谦卑的呼吁

对于拥有简单价值观的亲友，要弄清楚如何向他们提供帮助并不太困难。更有挑战性的情况是，我们关心在乎的人持有我们无法真正理解和认同的价值观时，我们应该怎么办？

或许是出于哲学兴趣，我平时喜欢阅读那些自己难以理解的人物的故事。几年前，我得知还从未有人在不借助任何动力引擎和外界援助的情况下独自穿越南极大陆。对我来说，这实在不足为奇、索然无趣。我相信还有许多从未有人尝试过的事情，但就算是给我一百万年的时间，我也不会有尝试一番的打算。然而，对于33岁的美国职业探险运动员科林·奥布雷迪和49岁的英国陆军上尉路易斯·拉德来说，从未有人在不借助外力的情况下独自穿越南极洲这件事，却非常有趣。事实上，他俩都想完成这一壮举！我第一次了解到他们的故事时，这两位冒险者早已开始了这场长达1482公里的极限之旅，拖着装满物资装备的雪橇，正穿行在严寒无比的南极冰雪之中。幸运的是，他俩都成功了。奥布雷迪用了54天，拉德则用了56天。这场跋涉相当于在冰天雪地里进行了近两个月的艰苦锻炼，还要时刻面临死亡的危险，但完成了冒险，创造了新的纪录。

奥布雷迪和拉德都已结婚，拉德还有孩子。二人多半也有朋友，但如果他们是我的朋友，我一定会尽力劝说他们放弃这个在我看来太过疯狂的计划。对于已为人夫的拉德，我甚至还有可能阻止他前往，比如骗他说："路易斯，你今年不能去南极，不然你会错过我的婚礼/百老汇首演/受诫礼！"我可不想朋友拿自己的生命冒险，但他自己想要的是什么呢？

不管是奥布雷迪和拉德，还是纪录片《徒手攀岩》(Free Solo)中的主角亚历克斯·霍诺德（在没有绳索和安全装备保护的情况下徒手攀登了酋长岩），这些事情对他们而言似乎至关重要。重要到哪怕他们认识的人中已经有人为此丧生，他们也还要冒着生命危险去徒步穿行或徒手攀登。实际上，拉德的朋友亨利·沃斯利就是在2016年尝试横穿南极时不幸丧生的，但两年之后，拉德还是抱着同样的目标启程了。就如同我重视安全、与朋友家人共度时光一样，他们重视冒险、探险和挑战。我真的无法理解他们。

我们或许都能想到一些亲朋好友就抱持着某种为我们所怀疑的价值观和目标，比如朋友从事着他们似乎非常厌恶的职业，后辈在大学里主修的学科在我们看来毫无价值，伴侣把很多时间都投入在一些我们看来纯属浪费时间的休闲活动中，等等。又或者，朋友有时走错了路，但我们可以帮助他们走回到更好的路上。这有时候是一件好事，我们稍后再讨论这一点。但首先，我想提醒大家要谦逊待人，对他人的价值观保持开放态度，不要认为我们知道什么对他们有好处。如果我真的是拉德或者奥布雷迪的朋友，那么，我就应该在对他们而言重要的事情上保留一份谦逊，不要随便指手画脚。

不告诉人们应该重视什么以及应该采取何种生活方式的其中一个原因是，这样做会显得强人所难、粗俗无礼，而且也不受欢迎。哪怕我们对于最适合他人选择的观点是正确的，这也不是一条明智的策略。但更可能的是，我们的观点其实常常是错误的。所以，我们一定要有谦逊的心态，毕竟世界上还有太多事是我们不了解的。更重要的是，我们也不知道他人的感受如何。显然，亚历克斯·霍诺德的大脑对危险的反应方式就与一般人不同。要让他感到害怕，得是特别特别危险的事才可以。对于连爬树都害怕的我来说，那是一种什么感觉，我完全不知道。那些认为孩子不听劝告，不去读临床医学，而是非要选择主修历史或者哲学的家长，可能并不了解在生物课上觉得无聊至极是一种什么感受。那些告诉我不生孩子不对的女性，可能也不知道我的生活没有受到强烈母性本能的影响是一种什么感觉。对于一个人来说，最好的价值观就是符合其情感、渴望和想法的价值观，但我们并不总是了解他人的这些方面，所以我们对于什么价值观最适合别人，可能也一无所知。

培养谦逊态度的一个好处在于，仅仅尝试做到这一点就已经让你走上了拥有这种美德的道路。一旦你想到自己应该更加谨慎地理解他人的目标，就已经承认了自己并不知道一切的事实。对于谦逊来说，尝试本身就是战胜困难的关键。

要准确评估自己的谦逊程度是一项困难的任务。比如，我的姊妹们就曾经指责过我蛮横无理。虽然我有些羞愧，但也不得不承认，我确实有一些发表主观评判的倾向。从专业角度去思考人的目标追求行为和谦逊后，我更是意识到了自己确实有必要采取一些措施，来抑制那种"我什么都知道"主观判断的倾向。所以现在试图和他人交谈时，我都会采用一些策略性意图。比如只问问题，或者别人没问，我就不要给建议，要实在忍不住想提，就先停下来思考一下：如果正在讲述问题或顾虑的人是我，那我会期望他人怎么来回应。

根据一些有关培养谦逊的心理学研究，另一种有效的策略是反思自身局限性和在整个宏大叙事中的自身定位。[4]这些建议在一些强调谦逊的文化传统中也时有出现。需要明确的是，我们成为他人好朋友所需要的那种谦逊，并非自我否定或向他人示弱。但思考我们在了解世界方面的局限性，有助于我们以更谦逊的态度对待他人。

有没有我们不应该对他人的价值观保持开放态度的时候？有没有我们应该直接告诉亲朋好友应当如何生活的时候？当然有。或者说，至少有些时候，我们应该想方设法尝试让他们改变原有的生活方式（不一定是直接告诉他们要怎么做）。究竟应该在什么时候反对他人的价值观或者介入他们的生活，是一个复杂的问题，没有简单的答案，但我们可以找到一些指引方向的路标。

我们都知道，有些人的目标会导致自我毁灭，或者（用描述目标追求的专业术语来说）会与他们在追求价值观上取得整体成功相抵触。对有害物质上瘾的人，和有家暴倾向的伴侣一起生活的人，为了微不足道的蝇头小利而不惜铤而走险的人，都是在追求会妨碍长期价值观实现的短期目标。（注意，"微不足道"是一个主观判断，比如亚历克斯·霍诺德就不认为攀登是一项微不足道的体育运动。）通常，一个人的目标对其长期影响越大，而你对这一点也越肯定，那你就有理由想办法来反对她的目标。但实话说，采取强制性干预（类似针对酗酒的家人和朋友进行的那种），只能是最后的手段。我们可以先试着告诉对方我们的看法，可以选择不再向对方提供支持，或者给出其他方案来替代他们的不良目标。

另一种情况是朋友追求的目标与我们自己最基本的价值观相矛盾，比如不道德的目标，所以我们实在不能坐视不理。考虑到大多数人对滥杀无辜的看法，我们就不能对朋友想要成为刺客的兴趣保持什么开放和谦逊的态度。道德价值观要到本书最后一章才会着重讨论，就目前而言，我们只需要明白对于大多数人来说，朋友间的基本道德价值观应该是一致的。假如某个朋友想要靠说谎来升职，或者想在周末虐待动物，或者想给白人至上主义团体捐钱，那大多数人应该都无法对此保持谦逊态度。即使是从你自己的价值观来看，容忍作恶目标的代价也实在太过高昂。虽然很可能要承受友谊破裂的后果，但在这种情况下，如同面对那种可能导致自我毁灭的价值观一样，提出反对意见才是正确的做法，哪怕不是去直接干涉。

如果我们关心其他人，希望他们过得好，就应该对自己了解他们的能力保持一些谦逊。但这并不意味着我们要袖手旁观，看着朋友毁掉自己或者违背我们最珍贵的价值观。在培养谦逊等美德方面，亚里士多德提供了很好的建议。他认为，美德的状态存在于两个极端之间，我们应该努力朝着能够纠正我们自然倾向的一侧努力。举例来说，谦逊的美德处于傲慢和软弱（或自我否定）之间。如果你倾向于傲慢，那你可能需要在"不要觉得自己什么都知道"上多下功夫；如果你倾向于软弱，则可能需要努力看清"你对他人的容忍是有限度的"。

我们的脆弱

在本章中，我们已经看到了每个人都有许多价值观要依赖他人。但他人也是肉体凡胎，有着自己的想法，所以我们也会因此而受伤。我们所爱的人总有一天会生病、死去或者离我们而去。对于重视他人这个价值观，我们无法将其重新解释为对其他事物或其他人的重视。想象一下，如果我丈夫去世了，但我并不会认为："嗯，我真正重视的是亲密关系，所以只需要再找个丈夫，就没事了……"我可能很重视我们的亲密关系，但我也肯定重视他本人，对待这两件事情不可同日而语。

古希腊的斯多葛派哲学家认为，我们可以通过训练克服这种脆弱：

> 对于那些让你感到愉悦、对你有用或受你喜爱的事物，记得提醒自己它们的一般属性是什么。我们可以从最微不足道的事物开始，比如你特别喜欢某个陶杯，那请提醒自己其实喜欢的是陶杯这类东西。这样，即使某个陶杯破碎了，你也不会感到心烦意乱。或者你亲吻孩子或妻子的时候，可以告诉自己你只是在亲吻人类，这样哪怕他们中的一个离开人世，你也

能保持镇定。[5]

这或许是一种选择。在对待陶瓷杯等在工具意义上的有用之物时，这是个不错的方法。但涉及我们与他人的情感羁绊时，我不确定大多数人是否能以这种方式训练自己。即使能够做到，这似乎也不是一件好事。因为从实现目标的角度看，我们爱某个人的话，很多目标都将依赖于对方而存在。如果对方离开人世，我们就会有数不清的目标受到阻碍，这是很痛苦的。这种看待悲伤的角度似乎非常不浪漫，但确实能解释为什么如果没有悲伤，我们也不可能真正拥有爱。在我看来，哪怕要冒着最后可能会经历巨大悲伤的风险，我也要选择这种能够感受到深沉的爱的生活方式。

那么，对于人的脆弱性，我们能做些什么呢？简单来讲，能做的确实不多。这种脆弱性是人类需要面对复杂情况的一部分。我们能拥有持久的友谊、充满爱意的家庭、相互的同情和广泛的合作，但其中也潜藏着不好的一面，比如关系破裂时，我们就几乎对于由此而生出的巨大悲伤和无尽伤感毫无抵抗之力。但如果从价值观的角度看，要想应对也有办法，那就是培养一些不那么脆弱的价值观，以便在此类关系受到威胁时，我们尚有一些能赋予生活意义的东西。

什么样的价值观才不那么脆弱呢？或许你会认

为，如果照前面提到的人是肉体凡胎，终有一天会死去这个事实来说，那与人类无关的价值观应该不太脆弱。但我们在本章中一直强调，几乎所有的价值观都会以某种方式与其他人产生联系。虽然你也有可能找到一些完全不依赖他人的价值观，比如采取斯多葛派对待生活的态度，但我认为这并不是能长期坚持的做法。相反，我认为我们可以通过拥有一些依赖他人，但不依赖特定个体的价值观来克服这种脆弱性。在生活的许多方面，我们都可以将自己看作是团队或机构的一部分，在为了实现一个有价值的项目而共同努力。比如，我们可能正在跟他人一起为艺术、医学、教育、正义、人类进步等事业做贡献，这些都可以被视为是与其他人有关的价值观，但又超越了那种只关注特定个体的生活方式。我们还可以将"善待他人"视为一种价值观，通过把"他人"的概念外延拓展到超越不同群体、不同年代的范围，让我们的生活更有意义。这些价值观并不能替代我们对特定深爱之人的重视。说到底，重视艺术、科学和人类进步并不能使我们免受悲伤之苦，但当深爱之人面临威胁时，这些价值观或许能够给我们一些力量，让我们坚持下去。

比如，美国总统约瑟夫·拜登就是一个这样的例子。很多人都知道，拜登总统经历过巨大的丧亲之痛：第一任妻子和年幼的女儿在一场车祸中不幸离世，儿子博·拜登后因脑癌去世。在自传中，拜登探讨的其中一个话题就是拥有对更大目标的追求如何帮助他走出了悲伤和失落。回顾儿子确诊脑癌的时刻，他写道：

> 无论面对何种困境，我都紧紧抓住自己的目标。我愿为之拼尽全力。如果我失去了这个目标，任由博与病魔的搏斗吞噬我，我担心自己的整个世界都将崩塌。我不想让国家、奥巴马政府、我的家庭、我自己，以及最重要的，我的博失望。[6]

正如这段话所言，重视一些超越特定个体的东西（比如国家或政治使命）并不能减轻失去所爱之人的痛苦，但或许能给予我们一些活下去的理由，直到我们寻找新价值观的本能重新归来。

"善待他人"或为人类进步做出贡献的观点，引出了道德价值观的话题。像公正、尊重和友善这样的道德价值观，在某种程度上也是脆弱的，因为在这个世界上有很多道德败坏的事情，而且严重程度已经完全脱离我们的控制。但从另一方面来说，它们也没有那么脆弱。道德价值观的优点在于，我们几乎总是可以通过微不足道的方式为实现它们做出贡献。我们可以尊重同事，可以为那些需要向被帮助之人施以援手的慈善团体捐款，可以善待空姐和咖啡师，等等。在生活的许多方面，我们可以选择为道德价值观贡献自己的点滴力量，让这个世界变得更美好一点。

用道德的方式
实现价值观

道德价值观和道德义务通常以公正为特征；道德共同体覆盖的范围比我们的亲友圈大得多。到目前为止，书中讨论的话题都集中在对你我以及我们的朋友和家人有益的事物上，尚未涉及对所有人（甚至包括所有具有感知力的生命）有益事物的讨论。哲学家常常认为这两种观点——狭隘的自利和无私的道德——是两股相对的力量，而我在之前章节中一直专注的是前者。但在道德价值观的问题上，如果不违背"我不告诉你必须重视什么"这个承诺，那我又能告诉你些什么呢？还真有一些。但在此之前，我想先对道德哲学和这个两股相对力量的概念做一些背景介绍。

假如没人看见呢？

假设你在古董店橱窗中看到一枚光彩动人的戒指。你很喜欢，戴上又刚好合适，于是就买了下来。回到家，你戴上戒指，在镜子面前仔细端详，可当你转动戒指时，镜中的那个你突然不见了。这让你大为震惊，你拿着戒指又反复转了好几次，确认这一切并不是幻觉。你想知道这种神奇的魔力是不是只对镜子才有效，于是又一次转动戒指，然后走出家门，到邻居面前大蹦大跳，结果他们也看不见你（以及你穿的衣服）——你买到了一枚能让你隐形的魔法戒指！

你脑子里冒出来各种各样的可能性！如果你也和选修我的《伦理学导论》课程的学生想法一致，那你可能首先会想到马上隐身坐飞机去免费度假（虽然他们常常会因为隐身后要坐在哪里而苦恼）。在他们的可能性清单中，位列第二的是听听别人对自己的真实评价，但很多学生也意识到，这个想法其实糟透了。还有一些学生则想要借此隐身机会解决掉一个恶人。总之，我的学生都觉得思考这个问题很好玩，就像争论"蝙蝠侠和蜘蛛侠谁会赢"一样。

实际上，这个思维实验在道德哲学发展史上发挥过重要作用。在柏拉图的对话录《理想国》中，苏格拉底的对话者格劳孔就试图借用这个隐形戒指的思维实验，让苏格拉底认识到私利和道德之间的冲突，只能通过强制手段解决。格劳孔指出，人是自私的生物，如果不用担心被抓住和受惩罚，就会犯下各种各样的恶行。如果人能隐形，那个人利益和道德之间的冲突总是会以个人利益为先。如果能隐形，人就更容易去犯强奸、谋杀、偷窃等罪行。

你可以将道德哲学的历史看作是一场探讨如何化解个人利益与道德之间的冲突的漫长对话。这场对话的一个主要分歧在于，有些哲学家认为道德的力量来自外部——我们每个人都有自己的利益，而这些利益必须由某种外在力量（如国家或上帝）进行强制规范，从而让我们屈从于道德规则。格劳孔持有的正是这个观点，所以在他看来，如果我们能够隐身，就可以逃过这些外部力量，进而完全无视道德。17世纪的哲学家托马斯·霍布斯也站在他这边，认为个人利益与道德之间的冲突只能通过强权来解决，因为人类太过自私了，只有受到外力的强迫才会变得友善。这些观点在当代的主流经济学中十分普遍，按照经济学的说法，"理性经济人"通常是自私的，而为了让他们表现友善，我们只能通过惩罚和付钱这两种手段。

另一方面，有些哲学家则认为道德的力量必须来自内部。比如，18世纪的德国哲学家伊曼努尔·康德就认为，个人利益和道德之间的冲突可以通过诉诸人自身的理性来解决。康德指出，道德原则是理性的原则，任何理性的人都必须认识到这些原则的力量。还有一些哲学家认为，道德的内在力量源自我们的情感。社会改革家、功利主义的奠基人约翰·斯图亚特·穆勒认为，通过培养同情心和调整欲望，我们几乎可以做到像关心自己的幸福一样关心他人的幸福，从而成功化解个人利益和道德之间的冲突。

苏格兰哲学家大卫·休谟同样认为，我们的情感对于道德价值观至关重要，其中尤其是同情心，在他看来，同情心是人性中一种广泛而强大的力量：

　　　　Chapter 8　用道德的方式实现价值观

他人剧烈咳嗽时，我们会感到不安，虽然这件事本身对我们没有丝毫影响。你告诉某人他口臭时，他会感到羞愧，尽管这明显不会对他自己造成什么困扰。我们的想象很容易变化位置；无论是按照我们在他人面前的样子来观察自身，还是根据他人的感觉来考虑他们，都能让我们感受到一些全然不属于我们的情绪，而且其中只有同情心能够引起我们的兴趣。有时，我们会同情过度，致使某个本来对我们而言有益的品质，就因为让别人心生不快或者不讨他们喜欢，最终在我们眼里也变得不满意了。[1]

休谟认为，对他人的同情是我们判断一件事是否有价值的重要原则。这不仅仅是因为我们对朋友和家人的爱（这是事实），更是因为社会性是我们认识价值观过程中不可分割的一部分。根据休谟的观点，判断好坏、是非、善恶时，我们会采取一种与他人利益共情的视角，比如改善口臭或善待他人是否符合他人利益。

在这场古老的辩论中，我与大卫·休谟和约翰·斯图亚特·穆勒的观点最为一致。我认为，我们所有的价值观（包括道德价值观），都是通过情感而非外部力量或理性原则来维系的。依赖情感来实现道德价值观的一个问题在于，情感的力量对每个人的作用不一样。霍布斯的强权理论要求惩罚每一个违反道德规则的人，而不仅仅是关心道德规则的人。康德的理性原则适用于每一个至少能够做出逻辑理性判断的人。但如果道德价值观的背后是我们的情感力量，那就没什么理由强迫每个人都认真对待道德价值观了。

这是一个问题吗？要是有一根大棒，可以用来敲打那些不道德的人，就太好了。我并非唯一拥有这种想法的人。我的许多学生都想要一根这样的木棒。他们走进《伦理学导论》的课堂，就是想要找到一种有力的观点来彻底打败不道德的人，让他们对自己不道德行为深深悔过。很多这样的学生，由于在某些正统宗教思想的影响下长大，常常认为得出这种观点才是哲学存在的意义。然而，当他们在大一上学期接触到不同文化之间的差异后，便对能否找到这样的观点产生了怀疑。他们从宗教中学到的是道德背后应该是某种绝对的力量，每个人都必须遵从。但深入接触了不同群体的同学后，他们发现这种绝对力量其实根本就不存在。把这两点经验结合到一起，他们得出了一个结论，那就是道德是个幌子，从道德层面上讲，怎么说都对。

绝对化的绝对主义和无条件的相对主义都在道德哲学的菜单上，但它们并非仅有的选择，也不是最被普遍接受的观点。两者之间还存在广阔的中间地带，认为道德价值观由人类及人类实践维系，而且同样值得我们为此付出。在这片中间地带上，不存在任何力量强迫每个人拥有相同的道德价值观，但有很多理由可以解释绝大部分人为什么会这么做。虽然不道德行为不会受到宇宙级的惩罚，但考虑到我们的本性，拥有道德价值观通常会对我们有益。在我看来，这个中间地带才是我们应该秉持的立场。

让我们先来看看该立场好的一面。尽管不存在绝对的强制力量或无懈可击的论点，但绝大多数人确实都拥有道德价值观。我在学生身上就看到了这一点。无论在交流中透露出了多少坚持怀疑的观点，他们（在大多数情况下）都还是善良诚实的人，愿意为慈善事业贡献自己的力量，他们会因为在意动物而尝试素食，会在不想给父母打电话时依然打电话。事实证明，他们的怀疑只是一种表面现象。其实不光我的学生是这样，大多数人也都如此。为了充分认识这一点，我们可以再来看看格劳孔和隐形戒指的故事。

格劳孔认为，隐形戒指能够通过消除在持戒人看来生活中的主要冲突，即个人利益与道德之间的冲突，深刻改变持戒人的生活。但事实真的如此吗？当你不继续在邻居面前蹦蹦跳跳，结束了巴黎或者加拉帕戈斯的免费旅行，然后呢？这枚新戒指能够帮助你应对生活中的主要挑战和重大冲突吗？能够帮助你实现工作和生活的平衡吗？能够帮助你摆脱家庭的压力，或者性别歧视刻板印象对你构想价值观产生的影响吗？思考什么样的挑战对我的生活影响最大时，这些是我会想到的事情：我应该如何在不变得神经质和不失去生活全部乐趣的情况下控制好我的糖尿病？我应该如何与远在他乡的亲友保持紧密关系？我应该如何在成为优秀哲学家的同时保留身上不符合哲学家气质的一些性格特点？

隐形不能帮我应对这些挑战，不能帮我确定自己应该重视什么，或者对某事物的重视程度。隐形不能帮我判断某些东西因为跟我关心的其他事物相比代价太大，所以是否要适时放弃，也不能帮我理解实现我所拥有的价值观的具体意义。想象如果可以为所欲为，我们的生活会发生什么变化，这确实是一件有趣的事情，但个人利益与他人利益的冲突，并不是我的生活以及我认识的人生活中的核心冲突。

让我们代入道德价值观，来重新认识一下这些问题。我有一些道德价值观，你很可能也有一些。我们不需要什么道德理论来告诉我们这些价值观都是什么，只需要列一张大致的清单就行，可以写上正义、平等、尊重、善良、同情和诚实等道德品质。这些是我的道德价值观清单内容，你的可能和我的相似。那么，我的道德价值观是否与我生活中的其他价值观存在根本性差异？和我在前面列出的挑战相比，道德价值观确实提出了一些新的困境。比如在种族不公和权利不平等的问题上，我可以采取哪些行动？可以从事哪些有意义的志愿工作？我是否尽到了足够的责任？我应该给哪些慈善机构进行资金捐款或者捐多少？但我认为，在其他方面，道德价值观和其他价值观之间并不存在根本性区别。还要注意，我的"非道德"价值观很多都带有道德价值观的痕迹。我想成为一个好朋友，就意味着要成为一个充满同情心的朋友。我想成为一位优秀的教师，就意味着做人要公正和诚实。我们的道德目标和"个人利益"目标之间甚至都没有一条清晰的界线。

一般认为，隐形戒指可以解决个人利益与道德之间的冲突，但如果我真有一枚这样的戒指，我还是无法看到它能在道德上给我提供什么帮助。毕竟，就算我戴上戒指，我的价值观也不会凭空消失。我依然会在乎正义和平等，依然会关心不伤害、不轻慢他人。不同的道德价值观之间还是可能会存在冲突——就像我们的许多其他价值观之间可能存在冲突一样——但这并不是能通过"逍遥法外"来解决的冲突。

前面谈到所有内容都建立在我是在和拥有道德价值观的人交流这个前提下。读者朋友大可放心，我并非天真到认为每个人都具有道德价值观。在当下这个关键的历史时刻，还有很多美国人在染病后拒绝戴口罩，所以要说每个人都在乎正义、尊重和善良这些道德品质，似乎颇为不切实际。我们也知道，博客和社交媒体提供的匿名便利（21世纪的古格斯之戒）让一些人行为举止变得像怪物一样（确切地说是键盘侠）。我们不得不承认，确实存在一些对他人毫不关心的人。我怀疑这对一些美国政客来说同样成立，因为他们的行为给很多人都造成了巨大的损害。

自私自利、毫无道德可言的恶棍的确是个问题。与我们讨论主题最相关的问题是，这些人不受拘束的生活方式可能会让我们对自己的价值观产生怀疑。如果有人可以在丝毫不受道德价值观约束的情况下过上好日子，那可能会让我们这些恪守道德价值观的人都觉得自己是一帮蠢蛋。这正是格劳孔担忧的地方：如果其他人在作恶之后还能逍遥法外，那么我们这些遵守规则的人就是傻瓜！这也就是为什么在格劳孔看来，我们需要确保不道德的人受到惩罚。如果他们不受惩罚，那我们可能也会选择去做不道德的事，毕竟这总比当个傻瓜强。然而，如果仔细思考一下，你可能会想，有人不关心他人这一点，为什么会成为我不关心他人的理由呢？我关心他人，是因为我认为他人在许多重要方面与我相似，是因为我对他们有同理心，是因为我认为如果没有友谊和集体提供支持，人类的生活将变得非常糟糕。有人不关心他人并不会改变这一切。对于绝大多数人来说，我们关心要用公正、善良和尊重对待他人的唯一原因，并不是我们害怕不这样做会受到惩罚。换言之，坏人可以逍遥法外，并不是我们改变道德价值观的理由。

这就是我对那些进入伦理学课堂，认为上这门课的意义就是找到一根论点的大棒来敲打坏人的学生说的话。我没有试图说服他们放弃"做你自己"的道德相对主义，相反，我会问，如果事实确实如此，这又会如何改变你们的生活方式呢？[2]如果有人认为在求职简历上造假可以接受，那么这对你认为在道德上可接受的事情意味着什么？你认为在简历造假有何不妥之处？如果有少数品行不端的人认为这没什么大不了，那你对简历造假的看法会有什么变化吗？同样，如果在另一种文化中杀害无辜之人是可以接受的，那这对你的生活意味着什么？我试图向学生表明，即使不存在绝对的道德，你也并不能摆脱思想和行为上的重担，你还是需要思考对你而言重要的是什么，并且要尽力让自己的行为与价值观保持一致。

关于那些自私自利、毫无道德可言的恶棍，还有些问题值得讨论，但这些问题不是本书关注的重点，而是政治上有待解决的问题。自私之人的恶行，会让我们其他人的生活变得艰难，所以必须揪出这些害群之马，避免他们继续作乱。如果他们并非完全是自私的浑蛋，那就可以通过教导来规范他们的言行（或者至少遵守基本规则），但对于那些毫不关心他人的人，则需要强迫他们遵守规则或者对其进行管制，好让我们其他人不必担惊受怕。这样做并不是（如格劳孔所认为的那样）为了向其他人解释道德存在的意义。我们其他人对于道德的意义早就了然于心了！而是说完全自私的浑蛋需要受到控制，其他人才可以安心追求自己的价值观。

重要的是，绝大多数人并不是自私的浑蛋。我们关心他人，对他们负有道德承诺，我们重视这种价值观，并且这种重视并不会因为那些拒绝这些价值观的人而动摇。本章余下的内容将专门面向那些不是自私恶棍的人。首先，我会假设我们拥有一系列与其他人共享的道德价值观，包括乐于助人、正义、尊重、诚实等以他人为重的价值观。接着，我会探讨透过化解目标冲突和实现价值观的视角看待这些道德价值观时，它们会发生什么变化。我们首先会注意到的是，这些价值观之间实际上已经存在不少和谐之处了。

道德价值观
与和谐

在第七章里，我们已经认识到我们的价值观与我们关心的其他人——朋友、工作伙伴、集体成员——紧密相连。因此，我们应该不难发现，其实道德价值观也倾向于与我们的价值观体系紧密相融。不过，在深入探讨细节之前，还有一些需要注意的地方。首先，这是一本关于如何通过确定自己的价值观，解决目标之间的冲突以及目标与世界之间的冲突，来教人获得幸福生活的书，不是一本关于道德的书，我也不是从任何具体的道德理论角度来看待价值观。我会采取和谈论事业和家庭价值观一样的方式，对绝大多数人都拥有的道德价值观展开讨论。虽然我们可能都对正义、尊重和善良等价值观存在不同的解读方式，但有一些核心内容使得讨论这些我们都重视的道德价值观很有必要。

即便在没有宏大道德理论帮助的情况下，我们也能借助书中提供的价值观视角来认识道德价值观的特征。换句话说，虽然价值观的实现理论没有明确告诉我们应该在道德层面上重视哪些价值观，但还是能启发我们认识自己的道德价值观。例如，当我们从追求目标的角度思考帮助他人时，可以看到我们提供帮助的方式是支持他们实现自己的价值观，协助他们化解目标冲突。从价值观的视角来看，正义要求的是（除其他事项外）每个人都能够摆脱剥削、恐惧和不安全感的控制，让这些阻止他们追求的绊脚石通通消失。尊重要求的则是我们要相信他人有能力决定什么才是对自己而言重要的事物。反过来，如果我们想要得到他人尊重，就需要对他人保持诚实，这样他们才可以在正确信息的帮助下做出这些决定。

如果将考虑他人也纳入道德价值观中，那我们应该关心他们是否能够确认、调整和追求自己的价值观，关心他们是否拥有基本的生活必需品——毕竟，如果一个人缺少这些必需品，也没工夫思考其他事情了。我们还应该关心妨碍人们追求对他们而言重要的事物的法律、经济和社会障碍。认为人们实现他们最重要的价值观对其有益的观点，启发了我们如何思考乐于助人、正义和尊重所需的一些具体细节。这种观点还远远算不上什么道德理论，但确实提供了一种填补这些道德价值观具体内涵的方式。而且，这种填补方式与我们思考自己生活的方式非常契合。

其次，我对于道德价值观的谈论方式，可能会显得非常具有个人主义和特定文化色彩。在本节一开始，我就指出了道德基本上就是帮助人们实现他们的目标。但我还想指出，道德价值观对目标追求的关注，并不是一种不顾他人感受的个人主义特征，人们的目标也可以是社会性的。在那些强调集体成就胜于个人成就的文化中，人们可能拥有更符合集体和家庭责任的目标，或者更符合群体定位的目标；与生活在推崇个人主义文化中的人们相比，他们的价值观可能会在更大程度上受到其他人价值观的影响。在为这样的人提供帮助时，我们可能需要更多地关注集体而非个人。但这并不等于在更具有集体主义色彩的文化中，人们需要采取完全不同的视角看待道德价值观。

实际上，正如我们将在后文看到的，我倾向于认为即使是生活在个人主义文化中的人也有许多基本符合社会性特点的价值观。因此，我的道德价值观谈论方式带有个人主义色彩不过是表面现象。正如我们在前文中读到的那样，个人价值观无论在什么方面都脱离不了其他人而存在。帮助他人追求价值观，或者帮助每个人认识到他们有追求自己价值观的能力，自然需要我们思考人与人之间是如何相互关联的。简而言之，我们是社会性动物，要帮助单独的社会个体，也就必须帮助他们所依赖的其他人。

在弄清楚这些注意事项之后，让我们来思考这样一个问题：我们的道德价值观是如何与其他价值观和谐共存的？

首先，我们追求个人目标的能力，包括对事业、友谊、爱好的追求，与我们生活在一个遵守特定行为规范集体之中的现实息息相关。只有在集体成员基本上是道德和善良的情况下，我们才能取得成功，因为我们所做的很多事情都依赖于与他人的协调配合。基本的道德一般包括不说假话，信守诺言，不攻击或伤害他人，不偷窃他人财物，并在需要时互相帮助。从社会契约论这个古老的道德理论视角来看，我们对他人善良的依赖是道德的核心。根据社会契约论的观点，正确的道德规则是每个人都会在深思熟虑后同意的规则。这一理论背后的主要思想是，我们无法在相互之间不合作的情况下生存，更不用说实现个人发展了。因此（如果我们具有理性的话），我们都会同意通过一些基本的道德规则来约束自身言行。如果没有这些基本规则，人的生活就会像霍布斯的经典名言所描述的那样，"孤独、贫穷、恶劣、野蛮而短暂"。这样的生活对于你实现价值观是不利的，除非你唯一重视的事情是带着枪龟缩在地堡里过一辈子。

为了实现价值观，我们需要相信集体中的其他成员基本上是有道德和善良的。这和我们最后如何形成对基本道德善良品质的重视存在莫大的关系。通过漫长的进化，我们发现了这些有用的道德价值观，而且从小就有人教育我们要坚持它们。一岁半的小孩子都似乎更喜欢友善的人，会回避恶意的人。[3] 要是长大之后我们都变成精神病患者，人类生活只会乱成一团，所以我们没有长成这样的人。相反，我们花园中的道德价值观自然而然地生根发芽，日复一日茁壮成长，最后成为我们自我认同的核心部分。因为我们需要它们，所以道德价值观绝非杂草。

其次，道德价值观经常与个人的特定目标紧密相连。这在职业目标中表现得尤为明显，因为许多行业都存在道德准则。例如，医护人员的职业目标受到"希波克拉底誓言"中"不做害人行为"等道德义务的限制。教师的职业目标是帮助学生，而且不能只帮助自己喜欢的学生。律师发誓要履行一切为客户服务的职责。我的祖父作为一位商人，常常为自己诚意待人，与人交易从不弄虚作假，哪怕是竞争对手也相信他从不说假话而感到自豪。

个人价值观与道德价值观紧密相连的另一种形式，体现在那些因社会不公正（第五章讨论的内容）

而在实现个人目标过程中受到阻碍的人身上。对于这些人来说，与不公正做斗争可能既是一项道德任务，也是一项自我肯定或自我尊重的任务。这些道德目标和个人目标有时会以微妙的方式相互影响。大家可以回想一下，性别歧视以及其他形式的压迫是如何通过让受害者认为自己没有做心中想做之事的能力而长期维持下来的。冒名顶替综合征使我们怀疑自己的能力，感觉自己像骗子一样，通过让我们精神内耗，让我们不敢冒险，妨碍了我们实现目标。此外，冒名顶替综合征也可能妨碍我们实现道德价值观。例如，在我看来，感觉自己在哲学领域是个冒牌货的经历，让我相信我没有能力帮助他人，包括我的学生。我相信自己不是唯一有这种体会的人。如果你觉得自己只是个学生，就不太可能看到自己将来作为老师的潜力；如果你感觉自己只是个学徒，就不太可能展现出成为导师的才能；如果你感觉自己只是个下属，也不太可能扮演老板的角色。因此，过去有好几年，我都没能成为学生真正需要的那种导师，或者至少不是我希望成为的那种导师。我沉浸在自己需要帮助的感觉里，根本无力抽身帮助他人。

这种性别歧视的存在，会使人更有动力去思考将精力投入打破外部结构束缚的斗争之中。对抗性别歧视，有助于我实现追求公正的道德价值观，同时也让我意识到自己有能力帮助他人。这种斗争甚至还存在一定的潜能，能帮助我实现为哲学创造出更多发展空间的宏大目标。在这种情况下，道德价值观和个人目标就紧密交织到了一起。我想帮助学生的愿望，在某种程度上是满足职业目标的需要，但同时也是实现道德价值观的需要。我对与性别歧视做斗争的兴趣，在一定程度上是出于道德价值观，但同时也是出于个人目标。对于那些直接受到不公正影响的人来说，与不公正做斗争可能无法简单地归为一种道德或非道德价值观。

道德价值观和个人特定价值观紧密相连的最后一种形式，则与帮助他人带来的心理增益有关。有充分证据表明，乐于帮助他人的人要比不愿意帮助他人的人更幸福。[4]向他人表达感激之情和提供帮助，往往会增加我们的积极情绪和对生活的满足感。例如，在一项研究中，研究人员先评估了受试者的幸福感，给了他们一笔"意外之财"（五美元或二十美元），然后要求其中一半受试者把钱花在自己身上（"个人支出组"），另一半把钱花在他人身上（"亲社会支出组"），截止期限是当天下午五点。试验结束后，研究人员再次评估了受试者的幸福感，结果显示，把钱花在他人身上的人要比把钱花在自己身上的人更快乐。[5]这项研究的结果并没有让我感到十分意外。我认为休谟对人性的看法是正确的：我们是富有同情心的生物，无法抑制自己对同类心中自我形象的在意。所以做一些能讨他人喜欢的事情当然会让我们心生愉悦!

现在我们面临的问题是如何以最有效的方式,将这项研究成果应用到我们的生活之中。心理学家索尼娅·柳博米尔斯基提倡我们进行"幸福干预",例如随机行善和写感恩信。[6]这条建议很有道理,但如何实践还要取决于我们自己。上述研究还有一个十分有趣的发现(和帮助他人会让我们感到幸福的重要发现相比,这一点常常被人忽略):帮助他人的幸福增益,主要体现在那些自愿选择帮助他人的人身上,而不是那些被迫帮助他人的人。[7]换句话说,如果帮助他人不能与我们自己的目标联系起来,那么这种行为不会让我们感到快乐。因此,我们最好找到一些能够符合我们价值观,且同时与其他目标兼容的方式来帮助他人。

在关于幸福和助人的心理学研究中,讨论的焦点主要集中在积极情绪和生活满意度上,因为这是该领域的心理学家通常用来衡量幸福感的两大标准。但帮助他人还让我们产生了另外一种积极情绪:确信我们走在正确道路上的信心。当我们对正在经历的冲突感到焦虑不安,不确定如何解决这些问题,尤其是当这些焦虑逐渐进化为价值观危机时,以他人为重的道德价值观能帮我们化险为夷。鲜有人会在生命尽头懊悔地说"我花了太多时间对别人好",或者"我真希望自己没有如此公正待人,没有这么一副热心肠"。回到我们前面提出的园艺隐喻，如果你正在寻找一种坚韧又迷人的植物，道德价值观是一个绝佳的选择。道德价值观和亲社会行为就像四季常青的植物一样。

帮助他人有助于我们实现幸福和安全的个人目标。追求正义可以激发我们对其他目标的雄心壮志。坦诚正直有助于拥有令人满意的职业生涯。践行道德价值观可以同时满足我们的多个价值观。我们早就已经偏离了格劳孔所设想的人性画像，而他认为我们最大的问题是如何避免为他人牺牲。实际上，我们为他人所做的很多事情并不是牺牲，而在我们必须做出牺牲时，背后的原因往往是我们深切关心的价值观和原则。我们最大的问题是如何维护相互竞争的价值观，其中包括许多与道德紧密相连的价值观。

道德价值观
与冲突

我们大多数人都有道德价值观，这些价值观指引着我们帮助他人，以及用公正和尊重的态度对待他人。而绝大多数人在实践这些价值观时都有许多不同的动机，其中包括一些个人动机。人性之中的和谐之处要远远超过格劳孔和霍布斯的设想，但不可否认的是冲突依然存在。那么，当我们的道德价值观与其他目标和价值观发生冲突时，又该如何应对呢？

了解我们可能会遇到的具体冲突类型，可以帮助我们加深对这个问题的认识。让我们先来关注一下让世界更美好（可以理解为让更多的人有能力追求对自己而言重要的事物）的积极道德义务与其他目标之间的冲突。我相信，绝大多数有道德价值观的人都希望自己能"做出贡献"或者"为后人留下一个更加美好的世界"——这些都是常见的道德志向。我给它们换了一个更加形象的说法，将其称为"积极"的道德义务，因为它们是我们做出一些行为的义务（比如向他人施以援手），而非避免做出一些行为的义务（比如不要撒谎和偷窃）。然而，要让这个世界发生任何显著的改善都不是一件简单的事。

在美国，有1200万儿童生活的家庭存在粮食不安全问题。在贫困国家，数百万儿童正遭受着本来可以轻松治愈的疾病折磨。与此同时，日益严重的气候变化更是让这些问题雪上加霜。[8]这个世界上发生的许多事都太令人沮丧，太触目惊心，致使许多人都陷入了这样一种困境：道德价值观要求我们做出的付出，已经超出了我们能够承受的范围。如果要完全践行这些道德价值观，我们就得把全部精力都投入进去，但这又会与许多其他我们想做的事情发生冲突。根据功利主义传统的说法，任何为道德而做的事都是正确的事。[9]功利主义者认为，正确的行动就是追求最大多数人的最大幸福的行动。如果我们真的这样思考，那么帮助他人免受痛苦的道德价值观将会与我们其他目标相冲突。从这个角度来看，如果我放弃了那些在道德上不那么重要的事物，就能为减轻他人苦难做出更多贡献。比如，我可以百分之百确定，只要不去学尤克里里，我就可以为这个世界做更多贡献。

那么，这一冲突应该如何解决呢？回顾第四章提出的冲突应对策略，我们可以先问自己这样一个问题：是否应该放弃其中一个目标或价值观。考虑到道德价值观以多种方式融入我们的价值观体系（上一节中探讨的话题），放弃道德价值观并非良策。那目标可以放弃吗？为何不放弃其他目标，成为一位道德上的巨人？这一策略的问题在于，即使从道德角度上看这么做可能是正确的，绝大多数人也无法真的做到。这与我们无法放弃道德价值观的原因相同：许多我们关心的事物，虽然抢走了我们改变世界的时间，但也是我们确认的价值观体系中的核心内容。友谊、家庭、事业、艺术、运动、信仰——这些价值观同样不是杂草。

如果放弃的策略行不通，我们就要进一步思考改变实现手段或重新解释目标的可行性。改变"坚守道德"或"让世界变得更加美好"这两个目标的实现手段，并不能起到多大帮助，这在一定程度上是因为我们并不十分清楚这些目标的具体要求。因此，我们最好考虑重新解释的策略。是否存在一种看待让世界更美好这个价值观的不同方式，可以减少道德价值观和其他目标之间的冲突呢？我认为有：我们可以从作为团队或道德共同体成员的角度来看待道德价值观。我并不是说如果我们关注道德提出的要求，那么尽到自己的一份责任就是看待道德价值观的正确方式。可能从道德角度来看，这还远远不够。但对于我们这些费尽心思想要努力平衡多个目标和时间需求的人来说，尽到自己的一份责任是一种有用的道德价值观思考方式。

不仅如此，尽到自己的一份责任还存在深厚的道德哲学根基。至少有两个历史悠久的哲学传统鼓励这种做法：规则功利主义和社会契约理论。[10]这两种理论都建议我们要为如何做出道德贡献确立一些规则，并在日常生活中遵守它们，比如规定我们应该花多少时间帮助他人，应该向值得支持的事业捐助多少资金等。规则功利主义认为，我们应当确立的正确规则是那些能够在所有人都遵守的情况下发挥最大效果的规则。社会契约理论则认为正确的规则是在我们就如何共同生活进行理性公正讨论后一致同意的规则。但无论是哪种方式，最后得出的规则都不会要求任何一个人做出重大牺牲，因为这些规定的假定条件是我们同属一个道德共同体，每个成员都要遵守相同的规则。如果以这种方式思考道德价值观，那我们只要尽到了在道德上应尽的责任，就很好地践行了道德价值观的要求。

不过，尽到应尽的责任虽然具有坚实的哲学理论基础，但也存在一些问题。其中最大的问题是并非每个人都会去尽自己的那份责任。有意义的道德规则是那些在我们所有人都遵守的前提下能够发挥作用的规则。这些规则假定我们在道德团队中都是平等的参与者，但这明显是一种错误假设，"让我们都来尽一份力"的说法，听起来太天真了。这个世界上确实有一些道德巨人，有的把自己的生命奉献给了政治事业，有的向陌生人捐赠肾脏，有的选择金融行业的工作，以便能向真正发挥作用的慈善机构捐助更多的资金。[11]这个世界上也有一些道德怪物，他们犯下的恶行给每个人的生活都带来了无尽的灾祸。这个世界上还有许多庸碌之辈，他们虽然不会犯下种族屠杀等罪恶，但同样不会帮助他人，也不会为他人争取正义。

如果我们每个人都尽到了自己的一份责任，这将是一个美好的世界。如果我们能够齐心协力，划着船桨朝同一个方向前进，轻轻松松就能抵达目的地。但现实却是，有些人正朝着不同的方向用力划着船桨，还有些人拿着狙击枪对着其他桨手开火。这对于尽到自己的一份责任意味着什么呢？事实上，绝大多数人都能在短期道德危机面前迅速应对，放下一切，全身心投入奋力划船之中，让我们脱离灾难的水域。但绝大多数人并不能一直保持这种危机应对状态。比起什么都不做，在非紧急时期尽自己的一份力，这可能才是绝大多数人真正能够做到的事情。

对于我们能做什么的强调，可能会引发另一个担忧。尽到自己的一份责任似乎说明我们可以通过降低标准来实现道德价值观。这让我想起一句老话，保持良好自尊的秘诀是将自尊的标准降低到目前已达到的水平。我是在建议大家降低自己的道德标准吗？这样做似乎不太对，也并非我的本意。将自己视为一个大项目中的小角色与一个小项目中的大角色是两种完全不同的视角。我的建议是，我们依然保持让世界变得更加美好的高标准，但同时也要承认只有大家一起努力，我们才能达到这些标准。我的行动标准是道德共同体成员的标准，而非道德巨人的标准。

当然，你可能还是会担心这种标准对一般人没有太大的约束力。如果我们将自己视为道德共同体的"团队成员"，虽然设立了很高的团队标准，但我们会不会给自己设立一个很低的个人标准呢？大概不会。首先，团队协作往往能让我们有更出色的表现。作为富有同情心的生物，我们希望能给他人留下深刻的印象。我们不愿意辜负他人的期望，他人树立的榜样也会激励我们加倍努力。

其次，和大部分价值观一样，道德价值观也提出了不断进步的雄心壮志。20世纪伟大的哲学家约翰·罗尔斯将其称为亚里士多德主义原则，他写道：

"人们会以运用他们已经获得的能力（天赋的或训练后得到的能力）为享受，这种能力发挥得越充分，或其复杂程度越大，得到的享受也就越大。"[12] 面临更多挑战时，我们能从自身行为中获得更多满足感，能力也会得到提升。这一观点同样得到了心理学的支持。关于"心流体验"的研究（见第三章）表明，在无聊和焦虑之间存在一种适合获得心流的理想状态，在这种状态下，一个人受到了足够多的挑战，产生了兴奋的情绪，但应对挑战的难度又不至于让他感到沮丧。[13] 随着我们能力的提升，这个理想状态的位置会不断前移。因此，正如对待任何一个重要价值观一样，我们在对待道德价值观时也不应该感到自满。

为了避免自满，我们可以思考如何做出改进，或者比过去做得更好。正如罗尔斯的原则所示，亚里士多德崇尚自我提升。他提出了一种性格培养方案，即我们见贤思齐，坚持依照美德行事，直到成为天然拥有美德的人。学生们初次接触亚里士多德时，可能会联想到"假装成功，直到你真的成功"这条经典语录。对于亚里士多德来说，具备德行意味着我们应当由理性引导，在激情和欲望之间实现中庸，这与减轻人类困难和减少全球贫困并没有什么具体的联系。但他的基本观点是，我们可以致力于成为更好的人，而这不失为一种看待我们当前道德价值观的好方法。我们可以尽力而为，同时坚持寻找更进一步的可能。同样，这一点与我们的大部分价值观并无太大差异。对于绝大多数复杂的活动，进步的理念已经深深内置其中。因此，将道德价值视为建议我们尽到自己的责任，并不等于不思进取、甘于平庸。（当然，我们有时会因为懒惰或自私而这样做，但这并不是尽到自己责任的错！）

在思考我们应该如何既尽到自己的责任又能避免自满时，一些践行道德价值观的建议会自然生发出来，那就是去做点儿什么。做点儿符合你自身特点和生活特性的事情。做点儿具有长远意义的事情。

"做点儿什么"简洁明了。而"做点儿符合你自身特点和生活特性的事情"却和我们对所有目标提出的建议没有太大不同。正如我们在前面实现其他目标的建议中提到的那样，适合你自身特点和生活特性的具体内容取决于细节，对不同的人可能对应不同的内容。[14]有些人需要为生活增添一点儿多样性，通过全新的方式实现道德价值观可能会对他们有所帮助。有些人可能过于忙碌，最适合做的事情可能是在追求其他目标的同时兼顾道德价值观的实现，例如通过一起做志愿者来花更多时间与子女相处。此外，与其他目标一样，长期适合一个人的东西不必一成不变。随着生活发生变化，我们拥有的时间、金钱和精力会发生变化，适合我们做的事情可能也会发生变化。道德危机的出现会在短期内要求我们做出更多行动。但从长远来看，找到一些不会在短短数月内耗尽精力的方式来实现让世界变得更加美好的道德价值观，才是长久之道。

正如第五章中所述，实现价值观的社会背景也可能给我们带来挑战。例如，种族歧视或性别歧视的受害者可能会更有动力去推动解决这些问题，从而可能同时实现个人目标和道德目标。从一方面来说，这是一件好事。将你身上"让世界变得更加美好"的资源导向对个人具有深刻意义的事物上，不失为一条适合自己的长久之道。而从另一方面来说，受压迫最深的人却花费最多的时间来解决这些问题，这是不公平的。意识到这一点可能让人感到沮丧，甚至还有可能滋生怨恨。然而，怨恨对于实现价值观是一剂毒药，会让我们沉浸在有关不公的思考中，或只想着惩罚那些从中获益的人，但这通常并不能帮助我们追求对自己真正重要的事物。与我们的其他目标和价值观一样，了解我们追求道德目标的社会背景，并在寻找不同价值观和谐之道时加以考虑，有益无害。

到目前为止，我们详细探讨了积极的道德义务，如帮助他人、改善世界、追求正义等。那么，我们应该如何看待消极的道德义务呢，比如不撒谎、不偷窃、不伤害无辜？尽到自己的责任同时避免自满的方法，在这里似乎并不适用。在不伤害无辜的问题上，尽到自己的责任就是永远不要伤害无辜。而比去年少行窃一点儿和道德意义上的善没有一点儿关系。康德将这些道德责任称为"完美"，意思是这是我们必须始终履行的责任。对于消极的道德义务，我们在采取何种方式解释道德价值观上是没有自由裁量权的。我想大家在这个问题上可能会存在一些分歧。例如，很多人认为善意的谎言在道德上可以被接受。但在这个问题上，大家也有广泛的共识，那就是消极道德义务的标准要比让世界更美好的正面道德义务更为严格。

考虑到这一共识，我认为在以实现价值观和化解目标冲突的视角思考这些消极道德义务时，正确的方式是将其视为克制的对象而非目标。克制自己在目标实现过程中想要撒谎的欲望，不应该成为要与其他目标一同实现的目标。克制自己在追求升职路上"干掉"同事的想法，也应该成为可以尝试重新解释，以便与其他价值观相容的目标。这些"不可为"的道德规则，是我们在追求目标和价值观时应该遵守的底线。回到园艺隐喻之中，消极的道德义务就如同花园的四角。在规划时，你绝不应该越界，萌生去邻居院子里种植花草的念头（即使那里的阳光更适合你的玫瑰）。

格劳孔说得没错，狭隘的自利和无私的道德之间确实存在冲突。但我认为，他错误地将其视为我们生活中的核心冲突。对于绝大多数人而言，"做正确的事"和"做想做的事"之间的冲突，并不是导致中年危机、生存焦虑或迫使我们寻求心理治疗的那种冲突。更让我们忧心不已的应该是如何让两者和谐共存，而非是否应该为了私利目标而抛弃道德准则。

存在主义哲学家让-保罗·萨特在试图说明他这门哲学的具体内涵时，曾举过自己一个学生的例子：

这个学生此刻要在两难之间做出抉择，要么到英格兰加入自由法国军队，要么留在母亲身边照顾她的生活。他充分意识到自己是这个女人唯一的支柱，他的消失——甚至可能是他的死亡——将让她陷入绝望之中。[15]

萨特的学生要在参加战争和照顾母亲之间做出选择。从个人私利的角度来看，这两个选择对他来说都并不理想。每一个选择都受到不同道德价值观的推崇，而且还是互相排斥的两种价值观念。这就是存在主义危机。

存在主义者认为，我们的道德和其他选择并非由理性、人性或其他因素所决定。我们拥有根本的自由，可以随心所欲地选择，而正是我们的选择为它们赋予了价值。在存在主义者看来，这位学生面临唯一的限制是他应该做出"真实"的选择——也就是说，他应该承认自己选择的自由，并对做出的决定负起责任。然而，正如我们在萨特的例子中所看到的那样，即使存在主义者也认为道德价值有时很有说服力：同以格劳孔为代表的利己主义者相反，道德有时就是我们的选择。

显然，我赞同存在主义者的看法，但我还想补充一点，即道德价值观是因为人类的本性才如此具有说服力。因此，在我看来，自由选择同样重要，但不等于激进选择。我们的选择应该受到心理特征、环境以及其他我们所看重的事物的限制。毕竟，我们不可能彻底自由地开展园艺活动，而是必须选择适合在我们的生活环境中生长的植物。

结语

　　有时候我很羡慕我的狗，感觉它们活得很轻松。不管是躺着晒太阳，观察小松鼠，还是端正坐好等我的小奖励，它们都会"全身心投入"，没有冲突，也没有疑虑，不用去想自己做的事情到底值不值得。但人类复杂的大脑会反复计较，所以大多数人都不会有这种简单纯粹的享受。对我们而言重要的事物往往会陷入冲突，导致我们怀疑自己是不是选错了路，走错了方向。这是我实实在在的亲身经历，而我也知道并非只有我一个人才有这种体会。就拿我认识的人来说，他们也都在思考自己应该如何度过人生，是不是在用正确的方式做事，以及如何改善自己和所爱之人的生活。

　　对此，我的回答是，找出那些我们真正看重的事物，然后想办法实现这些价值观。但我们真的需要用到书里讲的方法吗？就不能去网上搜吗？你当然可以去搜"什么才是真正重要的事物"。真正重要的是健康、家人、朋友、爱情、目标、热情、教育，还有很多我们在本书里一直讨论的东西。但光知道这些解决不了问题，我们还要知道如何重视它们：什么叫重视友谊？工作和家庭之间起了冲突，哪一个才更重要？如何发现自己的热情所在？我们必须在实践中逐渐领悟答案——通过了解自己和周围的环境，不断完善价值观和目标，尝试新事物，保持从经验中学习的态度。在这个过程中，我发现可以把人当成一种目标追求生物，就像其他动物一样。如果我能够实现对自己而言重要的目标，那我会表现得更好；但跟它们一样，我也有那种根深蒂固、很难改变的目标，只不过我可以重新定义对自己而言重要的事物，进而（至少在一定程度上）重新定义我对它们的看法。复杂的人类大脑引发了冲突的问题，但同时也通过赋予我们灵活性，提供了解决问题的方案——不断完善我们的价值观，以及用真正重要的事物来重新定义成功。[1]

追求目标和个人主义有一点儿相似。我有我的目标，你有你的目标，我们各自独立追求自己的目标。但这层个人主义的外衣也就如此而已。追求实现价值观的旅程和价值观一样孤独。我们重视身边的人，重视和他们的关系，重视我们所属的集体，重视我们共同做出的工作和努力。我们必须要透过其他人才能了解自身，才能为我们的信仰找到支撑，相信自己所做的事情不是白忙活一场。要找到最适合自己的价值观，我们就要全面认识价值观如何将我们和他人联系起来。寻找、优化、追求价值观的过程就像园艺一样，但在这件事情上，我们没有绝对的自由，也绝非孤身一人。

有一天，我和同样步入中年的朋友聊天，说不知不觉我们都一把岁数了。我妈和她的朋友也有一样的感受：原来自己都已经到这个年纪了。在我看来，大家之所以都会有这种感受，是因为大家都不曾有过到了年纪就大彻大悟的经历。年轻的时候，大家都觉得等年纪再大一点儿，就什么都清楚了，就知道自己都在做些什么了，就明事理了，也更通透了。但说得好听一点儿，生活永远在路上！虽然年轻的时候，大家心里都抱着和现在不一样的想法，但生活本来就不是那种你熟悉了操作之后，就可以开启自动模式的东西。生活总在不断向前，我们会不断确立新的目标，不断碰到新的问题，不断想出方法解决这些问题。如果说这就是人的一生，那么确立价值观，开启价值观实现之旅，一步一个脚印，碰上死胡同也能及时掉转方向，最后顺利抵达成功的彼岸，就是一套行之有效的好方法。

　　　　　　　　　　　　　结语

致谢

感谢我的父亲理查德·提比略，正是在他的鼓励下，我才认识到自己在幸福问题上的学术探索有可能成为大众话题。这里我要说一句，我父亲可不是那种成天夸孩子的家长，而是更老派一些。对于我出版的第一本书，他的评价是："嗯，小瓦，你这本书写得真的……很晦涩。"而对于这本书的初稿，他支支吾吾了半天，最后才说读起来像一份给研究生研讨会写的提纲。这显然也不是什么溢美之词，但他十分关心我在写作中是否有所进步，我也希望从我开始写这本书起，他在我们每一次富有建设性的对话中提出的建议，在最后都得到了一一回应。我还要感谢我的丈夫J. D. 沃克、我的母亲梅里克·卢古斯，还有我的妹妹宝拉·提比略（他们也都是作家），感谢他们的反馈、鼓励和支持。我的婆婆泽拉·沃克女士也向我提了一些十分有益的意见，这也是"阅读路线图"这一章的由来。感谢我的家人和朋友，如果没有你们，我对生活中有哪些有价值事物这个问题的认识必定会大打折扣。

感谢李倩楠女士，作为我的科研助理，她在成书期间，一直帮助并支持我的工作，我也从她的想法中受到了启迪。感谢编辑罗伯·滕皮奥先生，他在很早之前就认为我应该给写一本面向大众的书，我想感谢他在忙着应对与家中幼儿的价值观相冲突期间，依然会及时答复我的诸多问题，提出了不少让我获益匪浅的建议。本次和普林斯顿大学出版社的合作也十分愉快，所以还要特别感谢校对编辑凯瑟琳·哈珀女士，她在手稿编辑工作中提供了远远超出职责范围的帮助和支持。我还要感谢两位匿名审稿人，感谢他们提出详细而富有建设性的修改建议。我要特别感谢其中的丹·哈伯伦先生，他太了解我了，所以事后告诉了我他的身份。他提出的许多问题让手稿质量得到了显著改善，尽管我还是相信自己看待价值观的方法过于主观，必定不对他的口味。同样要感谢的还有科林·德扬先生，他不厌其烦地回答了我关于心理学研究的各种问题。感谢耶马·拉内女士，感谢她对我的生活和一般人生活的细心观察。

起初，我并不打算写一本与性别歧视有关的书。但我想到自己作为女性过上美好生活的种种尝试与我在学术哲学中读到的诸多内容之间的脱节时，这一视角突然让我觉得似乎是自己可以做出贡献的领域。如果不是收到来自许多年轻女性学者给我的积极反馈，我不一定会想到这一点。是她们叫我知道我所谈论的这些通常被主流哲学忽视的实际话题，在她们那里却很受认可和欣赏。特别要感谢苏普里亚·希尔吉女士对我上一本书发人深省的评论。与同事朱丽叶·谢尔比列、杰西卡·戈登-罗思、梅利萨·凯尼格的交流，也帮助我认识到了这一视角的独特价值。正是因为这些女性的支持，以及女性哲学家对谈论个人经历的正当性长期坚持的鼓励，我才决定在书中大胆引入一些亲身经历的故事和案例。我对这些勇于开拓的女性先驱心存感激，也感谢那些勇敢追随她们脚步的人。

注释

前言

1. 关于如何练习感恩和培养其他幸福习惯，请参见 Sonja Lyubomirsky, *The How of Happiness: A Scientific Approach to Getting the Life You Want* (New York: Penguin Press, 2008, 89-101)。建设性主动回应的相关知识可以通过在线网络资源了解，例如，https://positivepsychology.com/active-constructive-communication/。

2. James Baldwin, *Go Tell It on the Mountain* (New York: Knopf Doubleday, 2013); Ta-Nehisi Coates, *The Beautiful Struggle* (London: One World, 2009); Nikole Hannah-Jones, *The 1619 Project: A New Origin Story* (New York: Random House, 2021); Ibram X. Kendi, *How to Be an Antiracist* (London: One World, 2019); Isabel Wilkerson, *The Warmth of Other Suns: The Epic Story of America's Great Migration* (New York: Vintage, 2011).

Chapter 1
我们想要什么，需要克服的障碍又是什么

1. 有不少近代经典哲学文献试图从多种不同角度回答这一问题: Fred Feldman, *Pleasure and the Good Life: Concerning the Nature, Varieties, and Plausibility of Hedonism* (Oxford: Clarendon Press, 2004); Richard Kraut, *What Is Good and Why* (Cambridge, MA: Harvard University Press, 2009); L. W. Sumner, *Welfare, Happiness, and Ethics* (Oxford: Clarendon Press, 1999)。

2. 关于幸福话题的哲学文献数量非常多，可以通过阅读以下文献了解主要理论视角: Daniel Kahneman, Edward Diener, and Norbert Schwarz, eds. *Well-Being: Foundations of Hedonic Psychology* (New York: Russell Sage Foundation, 2003); Shane J. Lopez and C. R. Snyder, eds., *Handbook of Positive Psychology* (New York: Oxford University Press,

2011); Alan S. Waterman, ed., *The Best within Us: Positive Psychology Perspectives on Eudaimonia* (Washington, DC: American Psychological Association, 2013)。

3 Valerie Tiberius, *Well-Being as Value Fulfillment: How We Can Help Each Other to Live Well* (Oxford: Oxford University Press, 2018).

4 心理学家发现人们确实需要结合这些领域来评估生活总体满意度。U. Schimmack, E. Diener, and S. Oishi, "Life-Satisfaction Is a Momentary Judgment and a Stable Personality Characteristic: The Use of Chronically Accessible and Stable Sources." *Assessing Well-Being* (Dordrecht: Springer, 2009), 181–212; William Pavot and Ed Diener, "The Satisfaction with Life Scale and the Emerging Construct of Life Satisfaction." *The Journal of Positive Psychology* 3, no. 2 (2008): 137–52.

5 我在一定程度上认同存在主义关于"人类本质"的看法。我同意并不存在任何一种普遍的人性可以在不考虑个人选择的情况下，决定对一个人有益的事情是什么。然而，无论一个人具备什么样的人性特点，这些特点最终都会塑造其对何谓有益价值观的看法。

Chapter 2
龟、狗、人有什么相同之处

1 此处对我影响最大的两篇文献为 Colin G. DeYoung, "Cybernetic Big Five Theory." *Journal of Research in Personality* 56 (2015): 33–58; Charles S. Carver and Michael F. Scheier, *On the Self-Regulation of Behavior* (Cambridge: Cambridge University Press, 2001)。

2 工作记忆在用于理性思考的记忆中只占到一小部分。绝大多数记忆都是以长期记忆的形式储存在大脑中，无法随时调用。Bernard J. Baars and Stan Franklin, "How Conscious Experience and Working Memory Interact." *Trends in Cognitive Sciences* 7, no. 4 (2003): 166–72.

3 Roy Baumeister and Mark R. Leary, "The Need to Belong: Desire for Interpersonal Attachments as a Fundamental Human Motivation." *Psychological Bulletin* 117, no. 3

(1995): 497.

4   Christine L. Nittrouer et al., "Gender Disparities in Collo-
    quium Speakers at Top Universities." *Proceedings of the
    National Academy of Sciences* 115, no. 1 (2017): 104–8;
    Deborah James and Janice Drakich. "Understanding
    Gender Differences in Amount of Talk: A Critical Review
    of Research." *Gender and Conversational Interaction*,
    ed. Deborah Tannen (Oxford: Oxford University Press on
    Demand, 1993), 281–312.

Chapter 3
我们的价值观是什么……价值观应该是什么样的？

1   对于相关心理学研究的梳理和回顾，有两本值得一读的经典之
    作：Daniel M. Haybron, *The Pursuit of Unhappiness: The
    Elusive Psychology of Well-Being* (Oxford: Oxford University
    Press, 2008); Timothy D. Wilson, *Strangers to Ourselves:
    Discovering the Adaptive Unconscious* (Cambridge, MA:
    Harvard University Press, 2004)。

2   哪怕是在说这些话的时候，她也不确定自己是否已经陷入爱河。
    又过了一段时间后，她才意识到自己对达西先生的爱意。Jane
    Austen, *Pride and Prejudice* (New York: Alfred A. Knopf,
    1991), 196.

3   Joni Mitchell, "Big Yellow Taxi," *Ladies of the Canyon*, 1970.

4   我在此处的观点与描述实践理性的明定主义（specificationism）
    存在交叉。Henry S. Richardson, *Practical Reasoning about
    Final Ends* (Cambridge: Cambridge University Press, 1997).

5   Justin Kruger and David Dunning, "Unskilled and Unaware of
    It: How Difficulties in Recognizing One's Own Incompetence
    Lead to Inflated Self-Assessments." *Journal of Personality
    and Social Psychology* 77, no. 6 (1999): 1121; Ola Svenson.
    "Are We All Less Risky and More Skillful than Our Fellow
    Drivers?" *Acta psychologica* 47, no. 2 (1981): 143–48.

6   Abraham Harold Maslow, "A Theory of Human Motivation."
    Psychological Review 50, no. 4 (1943): 370.

7   Carol D. Ryff, "Happiness Is Everything, or Is It? Explora-

tions on the Meaning of Psychological Well-Being," *Journal of Personality and Social Psychology* 57, no. 6 (1989): 1069; Richard M. Ryan and Edward L. Deci, "On Happiness and Human Potentials: A Review of Research on Hedonic and Eudaimonic Well-Being." *Annual Review of Psychology* 52, no. 1 (2001): 141–66.

8　由于压力对身体健康所产生的不良影响，美国职业安全与健康管理局（OSHA）已将其列为一种职业病：https://www.osha.gov/etools/hospitals/hospital-wide-hazards/work-related-stress。若需回顾相关的研究情况，可参考 Michelle M. Larzelere and Glenn N. Jones, "Stress and Health." *Primary Care: Clinics in Office Practice* 35, no. 4 (2008): 839–56。

9　Gordon Moskowitz and Heidi Grant, eds., *The Psychology of Goals* (New York: Guilford Press, 2009), 480–505.

10　"5 Benefits of Boredom." *Psychology Today*, April 4, 2020, https://www.psychologytoday.com/ca/blog/science-choice/202004/5-benefits-boredom.

11　我们应该意识到，在普遍情况下感到无聊和对正常活动缺乏兴趣也可能是抑郁症的表现。

12　Daniel M. Haybron, *Happiness: A Very Short Introduction* (Oxford: Oxford University Press, 2013), 21. The original research on flow is due to Mihaly Csikszentmihalyi, *Flow: The Psychology of Optimal Experience* (New York: Harper and Row, 1990).

13　"Waiting Games." *Hidden Brain* podcast with Kyla Rankin, https://hiddenbrain.org/podcast/waiting-games/.

14　愉悦和宁静是幸福心理的另外两个组成部分。Haybron, *Happiness*, 23.

15　Michaéla C. Schippers and Niklas Ziegler, "Life Crafting as a Way to Find Purpose and Meaning in Life." *Frontiers in Psychology* 10 (2019): 2778. 还有一些不错的网上资源可以帮助我们开展想象力练习，优秀的心理教练或心理咨询师也很有可能为我们提供一些参考建议。

16　Simine Vazire. "Who Knows What about a Person? The Self-Other Knowledge Asymmetry (SOKA) Model." *Journal of Personality and Social Psychology* 98, no. 2 (2010): 281.

17　Martin Luther King, Jr., "A Letter from Birmingham Jail." *Ebony* Aug, 1963: 23–32, 25.

18　Kendi, *How to Be an Antiracist*, 6.

19　娱乐是一种人类必需的功能。Martha C. Nussbaum, *Women and Human Development: The Capabilities Approach* (New York: Cambridge University Press, 2001), 80.

Chapter 4
关于草莓和安全：或者说如何化解冲突

1　性少数群体受这种冲突影响的方式各不相同。我对这一话题的思考主要受到了以下文章观点的启发：D. Moon and T. W. Tobin, "Sunsets and Solidarity: Overcoming Sacramental Shame in Conservative Christian Churches to Forge a Queer Vision of Love and Justice," *Hypatia* 33, no. 3 (2018): 451–68; J. E. Sumerau, R. T. Cragun, and L. A. Mathers, "Contemporary Religion and the Cisgendering of Reality," *Social Currents* 3, no. 3 (2016): 293–311; Mimi Swartz, "Living the Good Lie," *The New York Times*, June 19, 2011, https://www.nytimes.com/2011/06/19/magazine/therapists-who-help-people-stay-in-the-closet.html; John Gustave-Wrathall, "Pillars of My Faith," *Affirmation: LGBTQ Mormons, Family and Friends,* August 16, 2014, https://affirmation.org/pillars-faith/。

2　专注研究志愿服务的心理学家马克·斯奈德在2021年的一次个人交流中表示："志愿服务研究中反复出现的一个主题是，如果志愿者从事的服务满足了他们作为志愿者的个人和社会动机，那么他们对此的满意度、工作效率和长期服务意愿都会更高。" Mark Snyder, Allen M. Omoto, and P. C. Dwyer, "Volunteerism: Multiple Perspectives on Benefits and Costs," in A. G. Miller, ed., *The Social Psychology of Good and Evil*, 2nd ed. (New York: Guilford Press, 2016), 467–493; Peggy A. Thoits and Lyndi N. Hewitt, "Volunteer Work and Well-Being." *Journal of Health and Social Behavior* 42 (2001): 115–31.

3　Tim Kasser. *The High Price of Materialism* (Cambridge, MA: MIT Press, 2002); Tim Kasser, "Materialistic Values and

Goals." *Annual Review of Psychology* 67 (2016): 489–514.

4　Ladd Wheeler and Kunitate Miyake, "Social Comparison in Everyday Life." *Journal of Personality and Social Psychology* 62, no. 5 (1992): 760.

5　Carl R. Rogers, "The Necessary and Sufficient Conditions of Therapeutic Personality Change." *Journal of Consulting Psychology* 21, no. 2 (1957): 95.

6　R. Nozick, *Anarchy, State, and Utopia* (New York: Basic Books, 1974).

7　Raymond S. Nickerson, "Confirmation Bias: A Ubiquitous Phenomenon in Many Guises." *Review of General Psychology* 2, no. 2 (1998): 175–220.

8　这种现象对应的心理学术语为"自我中心偏见"。Kruger and Dunning, "Unskilled and Unaware of It," 1121.

9　"哲学兄弟"是哲学领域的深度行话，指的是那些喜欢对女性说教但从不倾听他人观点的行业大佬。

Chapter 5
不公平文化中的价值观

1　Bourree Lam, "The Socialization of Women and the Gender Gap." *The Atlantic,* August 10, 2016, https://www. theatlantic.com/notes/2016/08/the-socialization-of-women-en/495200/; Shelley Coverman, "Gender, Domestic Labor Time, and Wage Inequality." *American Sociological Review* 48, no. 5 (1983): 623–37.

2　这句名言有时会被认为是埃莉诺·罗斯福所说，但真正说这话的人是普利策奖得主美国历史学家劳雷尔·撒切尔·乌尔里克。

3　" 'Man Up' : How a Fear of Appearing Feminine Restricts Men, and Affects Us All." *Hidden Brain*, National Public Radio, 1 October 2018, https://www.npr.org/transcripts/653339162.

4　Jennifer K. Bosson et al., "Precarious Manhood and Displays of Physical Aggression." *Personality and Social Psychology Bulletin* 35, no. 5 (June 2009): 623–34, https://doi.org/10.1177/0146167208331161.

5 乔纳森·马莱希奇认为，作为一种受到文化深度塑造的观念，男性养家糊口的社会分工会与工作和育儿的目标发生冲突。Malesic, *The End of Burnout: Why Work Drains Us and How to Build Better Lives* (Oakland: University of California Press, 2022).

Chapter 6
当所有策略尽数失效时

1 给那些没有经受过相关症状折磨的人做下介绍，冒名顶替综合征指的是一种在取得客观成就和资格之后，仍然认为自己不够优秀，产生自我怀疑的感觉。在学术界尤为普遍。

2 这个问题通常被称为"适应性偏好"问题。Serene J. Khader, *Adaptive Preferences and Women's Empowerment* (Oxford: Oxford University Press, 2011); Nussbaum, *Women and Human Development*.

3 Tara Westover, *Educated* (New York: Random House, 2018).

Chapter 7
其他人的价值

1 Joseph Henrich, *The Secret of Our Success: How Culture Is Driving Human Evolution, Domesticating Our Species, and Making Us Smarter* (Princeton: Princeton University Press, 2015).

2 前面诸多注释中提到的关于幸福的书籍可以佐证这一结论。这些书里可以再加上一本，是论证能够增强幸福感"事项清单"的一本哲学书。Guy Fletcher, "A Fresh Start for the Objective-List Theory of Well-Being." *Utilitas* 25, no. 2 (2013): 206–20.

3 保罗·布卢姆在《苦难的意义》一书中详细说明这个观点（通常被称为"心理享乐主义"）的错误之处，并在"动机多元论"上做出了极具说服力的论证。*The Sweet Spot: The Pleasures of Suffering and the Search for Meaning* (New York: Ecco, 2021). 关于非利己动机，同样可以参考 Charles Daniel Batson, *Altruism in Humans* (New York: Oxford University Press, 2011); Robert Kurzban, Maxwell N. Burton-Chellew, and Stuart A. West. "The Evolution of Altruism in Humans." *Annual Review of Psychology* 66 (2015): 575–99.

4 Caroline R. Lavelock et al., "The Quiet Virtue Speaks: An Intervention to Promote Humility," *Journal of Psychology and Theology* 42, no. 1 (2014): 99–110.

5 Epictetus, *The Enchiridion*, trans. Thomas W. Higginson (New York: Liberal Arts Press, 1948).

6 Joseph R. Biden, *Promise Me, Dad: A Year of Hope, Hardship, and Purpose* (New York: Flatiron Books, 2017), 33.

Chapter 8
用道德的方式实现价值观

1 David Hume, *A Treatise of Human Nature*, 2nd ed., Book 3: *Of Morals*, ed. L. A. Selby Bigge (Oxford: Oxford University Press, 1978), 589.

2 我还在课上教授他们反对这种形式相对主义的论点，这些论点都很有说服力。Russ Shafer-Landau's *The Fundamentals of Ethics*, 5th ed. (Oxford: Oxford University Press, 2020).

3 Kiley J. Hamlin and Karen Wynn, "Young Infants Prefer Prosocial to Antisocial Others." *Cognitive Development* 26, no. 1 (2011): 30–39; Paul Bloom, *Just Babies: The Origins of Good and Evil* (New York: Broadway Books, 2013).

4 Thoits and Hewitt, "Volunteer Work and Well-Being"; Jane Allyn Piliavin, "Doing Well by Doing Good: Benefits for the Benefactor." *Flourishing: The Positive Personality and the Life Well Lived*, ed. C. L. M. Keyes and J. Haidt (Washington, DC: American Psychological Association, 2003), 227–47.

5 Elizabeth W. Dunn, Lara B. Aknin, and Michael I. Norton, "Spending Money on Others Promotes Happiness." *Science* 319, no. 5870 (2008): 1687–88.

6 Lyubomirsky, *How of Happiness,* 89–101, 125–37.

7 Netta Weinstein and Richard M. Ryan. "When Helping Helps: Autonomous Motivation for Prosocial Behavior and Its Influence on Well-Being for the Helper and Recipient." *Journal of Personality and Social Psychology* 98, no. 2 (2010): 222.

8 关于粮食不安全问题，可参考 https://www.ers.usda.gov/topics/food-nutrition-assistance/food-security-in-the-us/

key-statistics-graphics.aspx。关于儿童感染疟疾的情况，可参考 https://www.againstmalaria.com/。关于全球气候变化，可参考 https://www.oxfamamerica.org/explore/issues/climate-action/。

9　一些哲学家认为，功利主义提出如此高要求的事实可以作为一条反对将其视为道德理论的重要依据。Samuel Scheffler, *The Rejection of Consequentialism: A Philosophical Investigation of the Considerations Underlying Rival Moral Conceptions*, revised ed. (Oxford: Clarendon Press, 1994); Susan Wolf, "Moral Saints." *The Journal of Philosophy* 79, no. 8 (1982): 419–39.

10　规则功利主义强调确认一套正确的行事规则，而非正确的行动计划。要采取正确的行动才能做到遵守这些最优规则。Brad Hooker, *Ideal Code, Real World: A Rule-Consequentialist Theory of Morality* (Oxford: Oxford University Press, 2002).

11　Peter Singer, *The Life You Can Save* (New York: Pan Macmillan, 2010); Peter Singer, *The Most Good You Can Do* (New Haven, CT: Yale University Press, 2015).

12　John Rawls. *A Theory of Justice*, revised ed. (Cambridge, MA: Harvard University Press, 1999), 374.

13　Csikszentmihalyi. *Flow*, 61.

14　名为 Giving Multiplier（https://givingmultiplier.org/）的慈善网站就是基于这种想法进行运作：潜在捐赠者可以在网站上选择一个对其具有个人意义的慈善事业，随后网站会把捐助资金匹配给对应的有效慈善机构。对"有效"的强调源自有效利他主义运动，该运动提倡将资金捐助给受影响最大的地方：https://www.effectivealtruism.org/。另见专注于影响评估的慈善评估机构 https://www.givewell.org/。

15　Jean-Paul Sartre, *Existentialism Is a Humanism* (New Haven, CT: Yale University Press, 2007).

结语

1　我在这里的措辞是受到了克里斯蒂娜·科尔斯戈德的启发，在《规范性的来源》一书中，她提出我们的反思性思维是解决理性权威问题的方法。

产品经理：麦罗莉
视觉统筹：马仕睿 @typo_d
印制统筹：赵路江
美术编辑：梁全新
版权统筹：李晓苏
营销统筹：好同学

豆瓣 / 微博 / 小红书 / 公众号
搜索「轻读文库」

mail@qingduwenku.com